PODEROSOS PEDÓFILOS

AMAURY RIBEIRO JR.
Autor de *A privataria tucana*

Poderosos Pedófilos

"Cidadãos de bem" que exploram e roubam a infância no Brasil

© 2020 - Amaury Ribeiro Jr.
Direitos em língua portuguesa para o Brasil:
Matrix Editora
www.matrixeditora.com.br

Diretor editorial
Paulo Tadeu

Capa, projeto gráfico e diagramação
Allan Martini Colombo

Foto da capa
Shutterstock/ambrozinio

Revisão
Adriana Wrege
Silvia Parollo

CIP-BRASIL - CATALOGAÇÃO NA PUBLICAÇÃO
SINDICATO NACIONAL DOS EDITORES DE LIVROS, RJ

Ribeiro Jr., Amaury
Poderosos pedófilos / Amaury Ribeiro Jr. - 1. ed. - São Paulo: Matrix, 2020.
224 p.; 23 cm.

ISBN: 978-65-5616-018-4

1. Crime sexual contras as crianças - Investigação. 2. Pedofilia. 3. Prostituição de crianças - Brasil. 4. Prostituição de adolescentes - Brasil. I. Título.

20-65292
CDD: 306.745
CDU: 392.6-053.2(81)

Camila Donis Hartmann - Bibliotecária - CRB-7/6472

SUMÁRIO

Prefácio 9

Ano de 2020. Vinte anos de investigação 13

CAPÍTULO 1
2018. Manaus: falsos moralistas disputam o mercado de prostituição infantil 21

CAPÍTULO 2
Do contato com os índios korubo nasce uma investigação 39

CAPÍTULO 3
Com apoio da polícia, a Zona Franca da prostituição infantil 45

CAPÍTULO 4
Passarelli, o executivo que anotava em sua caderneta o nome de meninas aliciadas 51

CAPÍTULO 5
Manaus, cidade dominada por policiais acusados de corrupção que ficam impunes 59

CAPÍTULO 6
Juiz que se dizia protetor das crianças é condenado a vinte anos de prisão por estupro de vulnerável 69

CAPÍTULO 7
Belém, o paraíso dos pedófilos estrangeiros 73

CAPÍTULO 8
Meninas exploradas sexualmente são traficadas para o exterior 89

CAPÍTULO 9
Na fronteira com a Bolívia, traficantes exploram a prostituição infantil..... 99

CAPÍTULO 10
Queiroz, procurador-geral de Justiça e pedófilo condenado............ 107

CAPÍTULO 11
Ano de 2010. Turistas americanos, juízes e políticos: os pedófilos poderosos de Manaus... 117

CAPÍTULO 12
"Ilustres" abusadores de meninas indígenas......................... 123

CAPÍTULO 13
Juiz monta bordel em fórum para explorar sexualmente meninas e adolescentes 133

CAPÍTULO 14
Em Coari, royalties do petróleo financiam a pedofilia................ 139

CAPÍTULO 15
Presidente do Tribunal de Contas do Amapá é gravado pela PF ao revelar compra de virgindade de menor..................................... 149

CAPÍTULO 16
A luta da mãe guerreira para prender pedófilos influentes que abusaram de seu filho 155

CAPÍTULO 17
A ameaça bem ao lado 161

Conclusão.. 171

Anexos... 175

Dedico este livro à minha mãe, Nadel, aos meus filhos, Pedro e Nadelita, à minha neta, Emília, e ao meu irmão de fé Rubens Valente. E também a Paulo Henrique Amorim e Ramiro Alves (*in memoriam*).

Meus agradecimentos a Aloy Jupiara (pelas observações e leitura finais), Ayrton Centeno, Chico Otavio, promotor Wesley Machado, Paulo Tadeu e toda a equipe da Matrix Editora, Ullisses Campbell, Rodrigo Lopes, William Novaes, Lumi Zúnica, Luiz Carlos Azenha, Luís Fernando Emediato, ao perito da PF Renato Barbosa, meu advogado, Mathias Vilhena de Andrade, e aos procuradores Luiz Francisco de Souza e Júlio Araújo.

Prefácio

Por Chico Otavio[1]

De todas as histórias colhidas ao longo da iluminada carreira de Amaury Ribeiro Jr., o caso que mais me impressionou envolve uma longa espera. Em tempos de jornalismo digital, em que a velocidade se tornou o diferencial, qualquer repórter seria dominado pela ansiedade e pela pressão. Menos o Amaury. Enquanto esperava de barco, na fronteira do Brasil com a Colômbia e o Peru, que uma equipe da Funai fizesse contato com uma tribo isolada, ele teve calma para ouvir os funcionários da fundação se gabando de frequentar nas horas vagas boates de Manaus que exploravam a prostituição infantil. Deu corda.

"Na folga, vou para as 'Disneylândias' em Manaus. As meninas não têm nem pelinho e se vendem apenas por um lanchinho", fanfarronava um deles.

Repórter-raiz, Amaury iniciaria ali, em 1997, numa conversa ordinária no Vale do Javari (AM), um dos mais vigorosos esforços de reportagem do jornalismo brasileiro. À luz das dicas fornecidas sem querer pelos servidores da Funai, ele começou na capital do Amazonas um profundo mergulho nas "Disneylândias do Sexo" do país, saga que agora é reunida pela primeira vez em *Poderosos pedófilos*. Nas aulas de jornalismo, costumo dizer que, muitas vezes, a vida fora das paredes das redações é capaz de subverter previsões e expectativas. O que nos resta é dar uma virada na pauta e encarar o mundo real.

Amaury fez isso com maestria. Poucos na profissão reúnem tamanha sensibilidade de abdicar do projeto original, custoso e desafiador, por

---
[1] Chico Otavio é jornalista.

outro ainda mais urgente e relevante. As meninas abusadas Brasil afora não podiam esperar.

Poderosos pedófilos não é o tipo de livro para se abrir no café de uma livraria, com o silêncio cortado apenas pelo movimento dos garçons e pelas conversas em mesas vizinhas. Como o autor adverte logo no início, é preciso estômago e coração para avançar em suas páginas recheadas de histórias capazes de provocar "espanto e terror até mesmo a experientes investigadores ou estudiosos que se dedicam a decifrar e acompanhar a mente dos diferentes tipos de psicopatas".

É preciso ter serenidade e controlar as náuseas quando o autor relata como um dos personagens selecionava a presa da vez nos subúrbios miseráveis de Manaus: "Quero algo bacana", exigia à cafetina, ressaltando a preferência por crianças magrinhas, sem corpo formado. E a cafetina, parente da vítima, como ocorre em muitos casos parecidos, prometia satisfazer a condição solicitada: "Sim, vou ajeitar para você".

A narrativa de Amaury me remete ao livro *A sangue frio*, obra-prima de Truman Capote. Como fez no passado o autor americano, *Poderosos pedófilos* trabalha em duas frentes. A primeira delas detém-se no perfil psicológico das vítimas, descritas como "meninas que têm um passado em comum: foram violentadas pelo pai ou padrasto, que, mais tarde, as lança no mundo das ruas".

A outra frente é focada nos predadores, e aí aparece um dos trechos mais inusitados e surpreendentes do livro. Ao se referir aos servidores da Funai no barco, à espera dos índios isolados, o autor revela que, enquanto descreviam a caçada às meninas nos inferninhos de Manaus, disparavam tiros para o alto só para assustar os botos que brincavam no rio, dando saltos para fora da água. "Muitos dos criminosos que cruzaram o meu caminho, no exercício do jornalismo", garante Amaury, "tinham um passado de violência contra animais".

Em tempos digitais, Amaury não se rende ao jornalismo adjetivo tão em moda na atualidade. Marca registrada de mais de três décadas dedicadas à reportagem, queimando sola de sapato pelos grotões do país, cada caso, cada cena, cada personagem é metodicamente detalhado, levando o leitor para dentro da história. *Poderosos pedófilos* é também um livro-denúncia: "O problema é que, muitas vezes, aqueles que deveriam exigir o cumprimento da lei são os próprios pedófilos, que podem ser policiais, procuradores ou juízes", alerta.

E, na última página, não se encontra exatamente um ponto-final da história. Após vinte anos de reportagens sobre o tema, o autor reconhece que essa chaga nacional está ainda longe de ser fechada, ainda mais quando os responsáveis por milhares de infâncias e juventudes roubadas são homens que circulam com desenvoltura pelos andares superiores do poder.

Ano de 2020.
Vinte anos de investigação

Prepare o estômago e o coração. As histórias relatadas nesta obra poderão provocar espanto e terror até mesmo em experientes investigadores ou estudiosos que se dedicam a decifrar e acompanhar a mente dos diferentes tipos de psicopatas. Este livro é resultado de mais de vinte anos de investigação sobre a exploração sexual de crianças e adolescentes na região da Amazônia e traz histórias de um país segregado. Obviamente não é uma segregação como a que ocorria nos Estados Unidos até os anos 1960, onde os negros eram proibidos de frequentar restaurantes, hotéis e outros espaços destinados exclusivamente a clientes brancos. Aqui ela é mais velada. Mas é uma segregação que, depois de um período de estabilização, volta a crescer assustadoramente. Uma prática discriminatória que levou, por exemplo, a Câmara do município de São Gabriel da Cachoeira, no Amazonas, na divisa com a Venezuela e a Colômbia, a homenagear no início de 2019 um empresário condenado a 29 anos de prisão por estupro de vulnerável (quando a vítima tem menos de 14 anos) e exploração sexual de meninas indígenas. Detalhe: a comenda foi sugerida pela Comissão dos Direitos da Mulher da Câmara do Município, e mais de 90% dos moradores são descendentes de várias etnias indígenas.

Única lógica que é possível extrair dessa história: o comerciante foi homenageado não por apresentar conduta exemplar, mas por ser branco, rico e poderoso, e a grande maioria da população teve de engolir essa humilhação pelo simples fato de ter nascido pobre e com sangue indígena.

O livro mostra duas faces do país. De um lado estão as crianças pobres e famintas, vendidas, às vezes pelos próprios pais, ao mercado do sexo. No lado oposto, se escondem inescrupulosos e poderosos pedófilos: políticos, empresários, policiais corruptos, procuradores e juízes, que usam o poder para comprar a virgindade e a infância dessas crianças, como escravas.

Um homem ou um monstro? Como deve ser qualificado, por exemplo, um procurador de Justiça que não tem o menor remorso em comprar a virgindade de uma menina de 6 anos, vestida de cor-de-rosa e que, na sua inocência, carrega um ursinho de pelúcia antes de ser violentada? E o que pensar de um juiz do trabalho que montou um bordel, dentro do próprio Palácio da Justiça, para violentar crianças pobres aliciadas em escolas públicas? O que poderiam ser casos isolados mostram-se práticas comuns.

Esse trabalho foi concluído em 2019, no momento em que o desemprego e a fome voltaram a assombrar as regiões Norte e Nordeste do país. E, nesse cenário, a parte mais vulnerável – as crianças e os adolescentes – é a primeira a ser atingida. No Acre, na divisa com a Bolívia, o desemprego e a miséria estão levando menores de idade a serem recrutados como "mulas" ou meninas de programa por facções criminosas ligadas ao tráfico internacional de cocaína. Drogas são vendidas até em colégios públicos, onde alguns estudantes, viciados em crack – o subproduto cada vez mais conhecido da cocaína –, andam como verdadeiros zumbis, a exemplo do que acontece na chamada Cracolândia, ponto de distribuição da droga em São Paulo.

"Infelizmente, o desemprego e a fome voltaram com tudo, e as crianças, exploradas por facções criminosas, são as primeiras a pagar a conta", afirmou em 2019 o prefeito Antônio Cordeiro (PMDB), do município de Capixaba, no Acre.

O livro relata casos ocorridos entre o final da década de 1990 e os dias atuais. As primeiras pistas surgiram em 1997, no meio da selva amazônica, na divisa do Brasil com a Colômbia e o Peru. Eu acompanhava uma tentativa de contato de sertanistas com os índios korubo, como repórter especial do jornal *O Globo*. Por mais incrível que possa parecer, um mapa das boates de Manaus que exploravam o sexo de crianças foi fornecido por funcionários da própria Fundação Nacional do Índio, a Funai. Sem nenhum constrangimento, esses servidores se gabavam de frequentar esses antros nas horas vagas.

Esse primeiro trabalho – que constatou a exploração de crianças nas boates de Manaus com a conivência da polícia – resultou na série de reportagens "Disneylândias do Sexo". A investigação chocou o país e ganhou os prêmios jornalísticos Esso e Vladimir Herzog de Anistia e Direitos Humanos.

Em 2002, quando eu trabalhava como editor da revista *IstoÉ* em Brasília, fui lembrado por organizações de proteção a crianças e adolescentes, que me convidaram para checar dados de uma pesquisa financiada pela Organização dos Estados Americanos (OEA). Elaborado com a ajuda de moradores da região ligados a políticas de proteção a crianças, o estudo detalhava a exploração sexual e o tráfico de meninas na Amazônia.

Os colaboradores da região ficaram encarregados de fornecer em cada área os nomes dos principais suspeitos de envolvimento com a rede de pedofilia. Seguindo orientação dos coordenadores da pesquisa, visitei regiões na fronteira de Roraima com a Venezuela, e de Rondônia e do Acre com a Bolívia. A viagem embasou a reportagem de capa intitulada "Meninas: Produtos de Exportação". Como o próprio nome sugere, a investigação jornalística mostrava que as fronteiras do Brasil com a Venezuela e a Bolívia haviam se transformado em rota de tráfico de meninas e adolescentes para boates na Espanha e na Guiana.

Em 2020, quando finalizei este livro, a realidade era outra. Impulsionada pela crise financeira da Venezuela, houve uma mudança na rota de tráfico de meninas entre os dois países. A entrada de crianças na Venezuela está sendo dificultada devido ao tenso conflito entre as forças do Exército e os opositores do governo do presidente Nicolás Maduro na fronteira.

Agora, o objeto de tráfico são as meninas venezuelanas, recrutadas para trabalhar nas boates e nas ruas de Boa Vista (RR), ao lado das meninas brasileiras.

Apesar de outros estados da Amazônia vivenciarem o mesmo problema, quando surge a ideia de pauta nas redações sobre a exploração sexual de crianças e adolescentes, Manaus é logo lembrada. Em 2010, o *Jornal da Record*, da TV Record, decidiu produzir uma série de reportagens sobre a exploração de crianças e adolescentes no país, denominada "Infância Roubada". Na condição de produtor executivo, fui designado para retornar à capital do Amazonas a fim de investigar a situação da prostituição infantil. Já haviam se passado doze anos desde a publicação da reportagem "Disneylândias do Sexo".

O comércio do sexo de meninas e adolescentes na capital tinha um novo mapa: havia se mudado do Centro para a periferia. A rede de poderosos pedófilos atraía agora agências de viagens estrangeiras à procura de meninas indígenas virgens. Os chamados poderosos pedófilos – como juízes e políticos – estavam ainda mais audaciosos. Convictos de que ficariam impunes de seus crimes, não tinham receio nem mesmo de usar o espaço público de repartições do estado para explorar sexualmente as crianças.

Três anos depois, a audácia de poderosos pedófilos me levou para outro lugar da Amazônia: Macapá, capital do Amapá. A pauta da reportagem surgiu depois de o presidente do Tribunal de Contas do Estado (TCE), Júlio Miranda, ter sido flagrado em um grampo da Polícia Federal (PF) quando negociava a virgindade de uma menina de 14 anos. As investigações revelaram que Miranda, acusado de envolvimento em um megaesquema de corrupção, não era a única celebridade acusada de explorar e usufruir o mercado do sexo de meninas. Levada ao ar pelo repórter Luiz Carlos Azenha, no *Jornal da Record*, a série de reportagens incluía entre os pedófilos um médico, empresários e funcionários públicos estaduais de alto escalão. A reportagem desnudava toda a violência sexual praticada contra a infância.

Este livro traz histórias ligadas ao tema, como a prostituição de meninas indígenas em São Gabriel da Cachoeira (AM), investigações às quais não estive ligado diretamente. Os casos só chegaram ao conhecimento público depois de a PF ter desencadeado megaoperações que levaram para a cadeia os principais suspeitos. Grande parte desses pedófilos investigados em operações foi condenada por seus crimes e cumpre sentença na prisão.

Esses casos foram incluídos no livro por serem importantes na compreensão da prostituição infantojuvenil na Amazônia e no entendimento do comportamento desses criminosos.

Todos os dados apurados, inclusive em reportagens publicadas anteriormente, foram atualizados. Além de mostrar a situação atual do comércio do sexo de meninas na Amazônia, a checagem trouxe novidades surpreendentes. Por exemplo, testemunhas que denunciaram pedófilos estão sendo subornadas para mudar os depoimentos ou ameaçadas de morte. Esses fatos mostram que, a exemplo das queimadas, a pedofilia na Amazônia é um problema que está longe de ser resolvido.

A maioria dos casos aqui incluídos revela que as crianças e adolescentes são exploradas por quem deveria protegê-las. Nem mesmo com os pais e parentes, que transformam o sexo de suas filhas num meio de sobrevivência, essas meninas, na maioria das vezes, podem contar. Esta obra busca traçar o perfil dos pedófilos, que praticam seus crimes por meio da truculência e do abuso do poder econômico. Sempre gentis, esses sociopatas se apresentam às vítimas disfarçados de cordeiros.

Outro traço comum é que esses pedófilos se escondem atrás do manto da moralidade e dos bons costumes. Muitos têm famílias aparentemente organizadas, frequentam igrejas e clubes da sociedade e adotam um discurso contra movimentos sociais. Mais: contam em alguns casos com o respaldo da própria família em seus atos criminosos praticados contra crianças e adolescentes.

Ninguém se enquadra tanto nesse perfil como o prefeito de Coari, no Amazonas (gestão 2017-2020), Adail Filho (Partido Progressista – PP), acusado pelo Ministério Público de usar recursos do município para abafar os crimes sexuais praticados pelo pai, o ex-prefeito Adail Pinheiro (PP), condenado a onze anos de prisão por exploração sexual de crianças e adolescentes. Réu em mais de 70 processos por corrupção e exploração sexual, o ex-prefeito é exaltado nas redes sociais também pela filha, a médica Mayara Pinheiro, eleita deputada estadual com o maior número de votos no Amazonas nas últimas eleições, pertencente ao mesmo partido do pai. O envolvimento desse político com a pedofilia já dura mais de vinte anos.

Pedófilos não escondem a aversão que têm a índios, negros e movimentos feministas. "Índio bom pra mim é índio morto", afirmava, nos corredores do Palácio do Governo de Roraima, o ex-procurador-geral de Justiça de Roraima Luciano Queiroz, que cumpre pena no quartel da Polícia Militar por estupro de vulnerável e exploração sexual de crianças e adolescentes. Das garras do poderoso homem da Justiça não escapavam nem mesmo meninas de 6 anos de idade. O ódio demonstrado pelo procurador pedófilo aos índios é uma prova de que o município de São Gabriel da Cachoeira, que condecora exploradores de meninas indígenas, não é um caso isolado.

Apesar da repercussão dessas reportagens, levantadas nos últimos anos por mim e por outros repórteres (muitas delas vencedoras de importantes prêmios de jornalismo), seria muita pretensão acreditar que esse trabalho contribuiu numericamente para estancar o problema da prostituição infantil. Se há um mérito a ser reconhecido, é o fato de eu nunca ter abandonado a causa e sempre ter voltado à Amazônia para verificar o problema de perto.

Há também exemplos bons a serem seguidos. O livro relata histórias de superação de mães que dedicam a maior parte de seu tempo à luta para colocar na cadeia poderosos pedófilos que roubaram a infância de seus filhos. Histórias como a da assistente social Karina Montoril, detalhada na parte final do livro. Incluída no programa de proteção às testemunhas, do governo federal, Karina resolveu investigar por conta própria uma rede de pedófilos ao descobrir que seu filho havia sido aliciado quando tinha apenas 11 anos. Depois de quase uma década de luta, a assistente social, conhecida entre os amigos como "Guerreira", conseguiu finalmente respirar e sentir alívio em seu peito. Três denunciados por Karina foram condenados e presos em 2019. Condenado, o principal abusador do filho da "Guerreira", o ex-diretor do Tribunal de Contas do Estado do Amapá Roberto Campos de Souza, conseguiu fugir do cerco de uma operação desencadeada pela PF em todo o país para combater a pedofilia[2]. Até hoje, a "Guerreira" lamenta não ter percebido que seu filho estava sendo seduzido por um vizinho. A obstinação dessa mãe em colocar os culpados na prisão é um alerta e um exemplo a ser seguido por todos no país.

Em Manaus, a batalha da advogada Luciana Pires, 45 anos, para colocar o desembargador aposentado Rafael Romano atrás das grades é outra história a ser elogiada. Em junho de 2020, o magistrado foi condenado a 46 anos de prisão por estupro de vulnerável. Detalhe: a vítima, uma menina de 8 anos, era filha da advogada e neta do juiz.

Muitos colegas questionam o porquê da minha insistência em investigar a prostituição infantojuvenil. É uma questão simples de explicar: foi uma promessa que fiz às chamadas meninas das "Disneylândias do Sexo" e a mim mesmo quando concluí a primeira reportagem sobre pedofilia em Manaus – a de que nunca abandonaria essas pobres vítimas. A partir daí, passei a observar com atenção toda aproximação ou rede suspeita em potencial de abusar de crianças.

---

2 A Operação Anjos da Guarda aconteceu em abril de 2018.

CAPÍTULO 1

2018. Manaus: falsos moralistas disputam o mercado de prostituição infantil

Defensor dos bons costumes, o empresário Fabian Neves é preso em um motel em Manaus na companhia de uma menina de 13 anos

Este livro começa pelo fim, com a história de um poderoso pedófilo, o empresário Fabian Neves dos Santos, preso aos 37 anos na capital amazonense, em agosto de 2018. A escolha não é por acaso. Fabian é o arquétipo de parte de uma elite que se mostra publicamente moralista nos costumes e retrógrada no combate à violação dos direitos humanos. Uma sociedade que, por trás do manto da moralidade, não esconde a aversão pelos índios e pelos movimentos LGBT+, feministas e antirracistas.

As vítimas dos chamados "cidadãos de bem" aqui relatadas são crianças e adolescentes pobres e indefesas da periferia. Mas podiam ser outros personagens com os quais me deparei em trinta anos de jornalismo: as crianças escravizadas em 1990 nas carvoarias de Minas Gerais e na colheita de algodão do Paraná, ou trabalhadores rurais executados por policiais militares a mando de fazendeiros. Ou, ainda, um dos mártires dessas minorias, como o padre Josimo Tavares, assassinado em Imperatriz (MA), na região do Bico do Papagaio, no dia 10 de maio de 1985. O mandante do assassinato, o fazendeiro Osmar Teodoro da Silva, foi localizado num povoado de Marabá, no sul do Pará, em dezembro de 2001, como parte da série de reportagens "Extermínio no Campo", publicada pelo *Jornal do Brasil*[3].

Essas reportagens, muitas vezes, têm efeito imediato. No mesmo dia em que o jornal mostrou o paradeiro do acusado, ele foi preso pela Polícia Federal, numa operação coordenada pelo segundo homem da cúpula do órgão, o delegado Wilson Damásio.

A investigação sobre meninos na colheita do algodão, publicada pela *Folha de S.Paulo* em 1990, levou a conservadora Assembleia Legislativa do Paraná a instaurar uma Comissão Parlamentar de Inquérito (CPI). Repercussão semelhante teve o caso dos meninos que trabalhavam em carvoarias de Minas Gerais. De lá para cá, muitas ações sociais foram desencadeadas pelos governos federais do PSDB e do PT para reduzir a pobreza e, como efeito, coibir o trabalho infantil, entre as quais se destaca a implantação do programa Bolsa Família, criticado hoje pela maior parte da elite econômica do país.

Em 1997, quando publiquei a primeira reportagem sobre pedofilia para o jornal *O Globo*, o país discutiu intensamente o tema. As histórias das meninas provocaram a revolta de organizações não governamentais e levaram o governo federal a tomar providências na tentativa de combater a prostituição infantil.

Vinte e um anos depois, em agosto de 2018, quando Fabian foi preso por pedofilia, não houve a mesma comoção. O homem que procurava demonstrar nas redes sociais uma atenção especial à mulher e à família foi capturado por agentes da Delegacia Especializada em Proteção à Criança e ao Adolescente (DEPCA). Os policiais flagraram Fabian seminu, no motel Safari, na zona norte de Manaus. Ele não estava acompanhado de sua

---

[3] A série de reportagens flagrou, entre outros fatos, policiais trabalhando ao lado de pistoleiros na captura de sem-terra na Fazenda Reunidas, do banqueiro Ângelo Calmon. O fazendeiro Osmar Teodoro foi preso quinze anos depois da morte do padre que defendia os direitos dos trabalhadores rurais.

companheira, mas sim de B.S., uma adolescente de 13 anos. O programa com a menina fora vendido para o empresário por R$ 1.500,00 pela própria tia de B.S., Aline Cristina de Souza Andrade. Por ironia, a tia, que entrara no motel no banco da frente do carro do empresário para esconder a sobrinha e desviar a atenção dos funcionários do estabelecimento, era tutora da menina. B.S. fora morar com Aline depois de ter sofrido violência sexual do pai e maus-tratos da mãe. Um cenário rotineiro.

No momento em que os policiais invadiram o motel, o ato sexual já havia se concretizado. A menina se enxugava no banheiro, e Fabian ainda estava de cueca no apartamento, ao lado da cafetina, que caiu em prantos ao ser detida pelos policiais. Toda a ação da polícia no momento das prisões foi filmada. A imagem do empresário de cueca viralizou nas redes sociais de Manaus. A polícia chegou ao local depois de a menina, cansada de ser explorada pela tia, ter contado sua triste história aos orientadores da escola onde estudava. Notificado pela escola, o Conselho Tutelar da zona norte denunciou a tia à polícia. A adolescente relatou com tristeza o alívio que sentiu ao ver os policiais invadirem o quarto do motel.

"Quando a gente chegou lá, minha tia ficou no quarto, indo depois para o banheiro quando ele começou a fazer aquilo comigo. E depois que ele acabou, tudo aconteceu. Parecia que era a Mulher-Maravilha que estava entrando para me salvar", disse a adolescente, que comparou sua heroína preferida às duas policiais da DEPCA que participaram da operação que a resgatou das garras de Fabian e da tia. Era a quinta vez que a adolescente se encontrava com o empresário.

No carro do empresário estacionado no motel – uma camionete Hilux –, a polícia encontrou R$ 10.000,00. Parte desse dinheiro seria entregue à tia da criança. Preso em flagrante, o empresário ficou calado, invocando o seu direito de só se pronunciar na Justiça. Horas depois, favorecido por um alvará de soltura assinado pelo juiz de plantão, Celso de Souza de Paula, Fabian já estava em liberdade. A decisão também favoreceu a tia da menor.

O Ministério Público recorreu da decisão, sob o argumento de que o poderio econômico de Fabian poderia ser utilizado para ameaçar as vítimas e as testemunhas.

"Essa decisão equivocada acaba prejudicando as investigações, que buscam outras possíveis vítimas", argumentou o procurador-geral de Justiça do Amazonas, Fábio Monteiro.

Um mês depois, a juíza da Vara Especializada em Crimes Contra a Dignidade Sexual de Crianças e Adolescentes, Patrícia Chacon Oliveira Loureiro, decretou a prisão preventiva de Fabian e da tia da menina. Ele responde a processo por estupro de vulnerável, prostituição de adolescente e assédio sexual tipificado e poderá pegar até quinze anos de cadeia. Ao ser submetido a um amontoado de provas, o empresário acabou confessando os crimes praticados contra crianças. Fabian aguarda julgamento no Centro de Detenção Provisória de Manaus. Em janeiro de 2019, os advogados do empresário entraram com pedido de *habeas corpus* no Tribunal de Justiça do Amazonas (TJAM), que foi negado.

Cai a máscara moralista do empresário

Conhecido por sua obsessão pela liberação do porte de armas, Fabian Neves dos Santos, dono de uma empresa de segurança em Manaus, a Forte Vigilância Privada (Fortevip), se apresentava nas redes sociais durante a campanha das eleições de 2018 como um dos defensores mais radicais da candidatura a presidente de Jair Bolsonaro (então filiado ao PSL).

Beneficiado com contratos para prestar serviços de vigilância a governos na Amazônia, Fabian passava horas na internet martelando a plataforma de campanha de Bolsonaro: a liberação das armas, o combate ao comunismo e à corrupção dos partidos de esquerda. Bandeiras da organização de extrema direita Tradição, Família e Propriedade (TFP), o moralismo na família e o direito à propriedade também estavam entre os temas preferidos do empresário.

No Facebook e no Twitter, Fabian postava diariamente dezenas de slogans do então candidato. "Pela defesa da moral e dos bons valores cristãos", anunciava um dos cartazes em que Bolsonaro aparecia à frente da bandeira do Brasil. Em outra postagem, a bandeira brasileira é colada à dos Estados Unidos, país que, na visão do empresário, é aliado do Brasil no combate ao comunismo.

PODEROSOS PEDÓFILOS

No Facebook, Fabian defendia a "moral, os bons costumes e os valores cristãos" na plataforma do então candidato Jair Bolsonaro e ostentava suas viagens ao exterior ou em barcos e carros de luxo.

Proprietário também das empresas Ronin Ltda. e Fortevip Empreendimentos Imobiliários, o empresário, que se apresenta nas redes sociais como um homem da família, deixa transparecer toda a sua vaidade ao se apresentar ao público como empresário bem-sucedido, que zela pelos bons costumes. Quase sempre de óculos escuros, ele aparece em posts ao lado da mulher, em viagens pelo exterior, dirigindo carros de última geração ou pilotando barcos de luxo. Uma vida totalmente diferente daquela imposta aos funcionários de suas empresas, obrigados a ingressar na Justiça na tentativa de receber salários em atraso. O playboy de Manaus nunca escondeu a prioridade de suas empresas: a importação de fuzis, que, na visão dele, seria liberada com a possível vitória nas urnas do candidato do PSL.

Fabian tem pelo menos um traço em comum com seu guru político: não admite nenhuma crítica nem a divulgação dos malfeitos de suas empresas. O empresário bem que se esforçou para tirar do ar uma notícia, veiculada no "Blog do Pávulo", sobre os salários atrasados dos funcionários de sua empresa, mas acabou derrotado na Justiça.

Mágoas que não se apagam

Morando atualmente com o tio, que se separou de Aline, a adolescente resgatada no motel disse ter encontrado finalmente um pouco de paz na vida. Mas ainda tem pesadelo ao se lembrar dos cinco meses em que praticamente se tornou uma escrava sexual da tia. Cabelos negros e lisos, parecidos com os das índias da região, B.S. chorou ao lamentar toda uma infância perdida. Momentos felizes a adolescente viveu somente até os 8 anos de idade. Apesar de nunca ter tido brinquedos sofisticados, B.S. se divertia nas praias dos rios de Manaus, ao subir nos pés de goiaba ou pular amarelinha com outras meninas do bairro Colônia Terra Nova II, na periferia da cidade.

Vaidosa, embora usasse roupas simples, B.S. sempre gostou de andar arrumada, de se pintar e passar batom. No fundo, sonhava que um dia um super-homem, estilo Batman, surgiria na sua vida como um príncipe encantado. Acreditava seriamente que, se visitasse o castelo da Cinderela, na Disney, viveria para sempre com seu príncipe encantado.

Toda a esperança da adolescente foi brutalmente interrompida quando, aos 10 anos, foi molestada pelo próprio pai dentro de sua casa. B.S. ainda se lembra com detalhes do fatídico dia. Era a tarde chuvosa de 7 de julho de 2015. A menina teve várias escoriações, sentiu muita dor, mas continuou virgem. Com as águas da chuva, se foram todos os seus sonhos.

A violência chocou toda a família. Por decisão da Justiça, B.S. foi morar com o irmão do pai, um PM que desconhecia a vida dupla da mulher, a cafetina Aline. A convivência em um novo lar renovou, no início, as esperanças da adolescente. Mas B.S. não demorou a estranhar o comportamento da tia.

"Ela saía escondida de casa toda arrumada e pedia para eu não contar para o meu tio, que não desconfiava de nada, e depois voltava com muito dinheiro. Estava na cara que fazia programa", lembrou a adolescente, que, durante as fugas da tia, ficava encarregada de tomar conta da prima, de 8 anos.

Com a promessa de presentes e dinheiro fácil, Aline não demorou a tentar aliciar a sobrinha para seguir a mesma vida. A venda da virgindade da sobrinha virou obsessão da cafetina.

"Minha tia dizia que era melhor eu perder a virgindade com um homem rico do que com um garoto pobre da minha idade. E que eu poderia comprar o telefone celular dos meus sonhos", lembrou.

A partir desse momento, a vida da adolescente passou a ser marcada por cenas de terror como as de filmes baseados em fatos verídicos, que contam histórias de meninas e mulheres que foram sequestradas, violentadas e mantidas em cárcere privado por seus algozes. Lançado em 2016, um desses filmes, *O Quarto de Jack*, é inspirado na história de Elisabeth Fritzl, mantida em cativeiro pelo pai por 24 anos, na Áustria. Ele a estuprava e a engravidou sete vezes. O filme, uma adaptação livre, tem como foco o amor de uma jovem, mantida presa, pelo filho. A fim de minimizar o sofrimento do menino, ela tenta criar um mundo imaginário.

Apesar de não ter ficado presa em nenhum quarto, B.S. teve em vários aspectos uma vida tão difícil quanto à de Jack. E, o que é pior, ao contrário do personagem, B.S. não podia contar com a mão protetora dos pais, tampouco da tia, que a mantinha intimidada por meio de ameaças e atos de violência. Atos esses que são lembrados pelos vizinhos.

"A Aline batia, e não era pouco, na B.S. Os gritos da menina ecoavam por todas as ruas do bairro", contou Thaísa Brito Leal, mãe de G.L., de 14 anos, outra adolescente que foi aliciada por Aline.

Cansada dos maus-tratos, B.S. acabou cedendo às pressões da tia, que colocou a virgindade da menina à venda. Surgem, então, três pessoas que vão acabar definitivamente com os sonhos da adolescente: o empresário Raimundo Alves do Vale Filho, o "Velho", então com 53 anos, que pagou R$ 1.500,00 pela virgindade de B.S.; a cafetina Ana Cássia da Silva Bentes, sócia de Aline; e o empresário Fabian Neves dos Santos, que assumiu o papel de abusador mais frequente da adolescente.

Além da tia, a cafetina Ana Cássia, que cedia a casa para os encontros, passou a importunar a vida da adolescente.

As duas cafetinas protagonizaram cenas assustadoras, marcadas por torturas psicológicas e atos de violência contra B.S. e outras adolescentes. Mais chocante é o amontoado de patologias apresentadas pelos aliciadores e pelos pedófilos. Em O *Quarto de Jack*, o sequestrador e estuprador comete atos de violência e outros crimes na tentativa de criar um lar fictício. O comportamento é típico de um psicopata, que tenta acabar com as pessoas e com tudo que possa desviá-lo de seu objetivo.

Os algozes das meninas de Manaus deixam à mostra, além desse comportamento doentio, inúmeras outras anomalias: egocentrismo, narcisismo, tirania, certeza de impunidade, apego a bens materiais, falso moralismo e, principalmente, falta de remorso e compaixão.

Tudo isso ficou exposto no processo de venda da virgindade da adolescente. As provas levantadas pela polícia na investigação mostram que foi por intermédio de Ana Cássia que Aline negociou inicialmente a virgindade da menina com o empresário Raimundo Alves do Vale Filho, dono de uma rede de depósitos de materiais de construção.

A adolescente contou que a primeira experiência sexual foi tão traumática e dolorosa quanto a do dia em que foi violentada pelo próprio pai.

"O Velho tirou a minha roupa, me levou para o banho e para a cama. Eu dizia para sair de cima de mim, que não estava conseguindo, então ele empurrou o lençol na minha boca, eu consegui soltar a minha perna, aí ele desistiu e chamou a Ana Cássia, dizendo que não estava dando", lembrou, aos prantos.

Como o ato não foi consumado, o empresário entregou R$ 500,00 dos R$ 1.500,00 combinados com Ana Cássia, que passou R$ 200,00 para Aline, deixando-a furiosa.

"'Isso não dá para nada. Temos que concluir, tirar essa virgindade do programa para receber mais dinheiro', disse minha tia."

Ávida por mais dinheiro e sem respeitar a dor da sobrinha, Aline arrumou um novo cliente para a menina no mesmo dia: o empresário Fabian.

A adolescente contou que seguiu com a tia, com Ana Cássia e Fabian, horas depois, para o motel Safari – o mesmo em que o empresário viria a ser preso cinco meses depois.

"A Ana Cássia estava no quarto, e fui para o banheiro tirar a roupa. Quando entrei no quarto, Ana Cássia já estava fazendo sexo com ele. Aí chegou minha vez. Mais uma vez senti muita dor. Mas tive que aguentar, porque não suportava tanta pressão. Ele não usou preservativo nem nada. Me disse que, a partir daquele dia, a gente ia ter um negócio especial porque ele tirou a minha virgindade."

No dia seguinte, Fabian mandou uma mensagem por WhatsApp para a cafetina. Não foi para saber do estado de saúde da menina, mas para ter certeza de que tinha tirado a virgindade dela.

Fabian – *Como foi? O que ela disse? Comentou alguma coisa?*
Aline – *Ela sangrou. Tirou mesmo.*
Fabian – *Ela disse que sangrou?*
Aline – *Sim. Eu disse que tu queres de novo.*

A maratona da exploração do sexo da menina estava longe de acabar. No dia seguinte, a cafetina levou a sobrinha ao encontro do empresário Raimundo, na casa de Ana Cássia. Afinal de contas, a cafetina não podia deixar de receber o restante do pagamento, os R$ 1.000,00 que lhe faltavam.

"Havia chegado ao limite. Pedi socorro para a titia, e ela simplesmente fingiu que não me ouviu."

Obrigada a fazer programas sexuais mesmo quando estava doente, a adolescente disse ainda que a tia, que ficava com todo o dinheiro, usava o poder econômico do empresário para ameaçá-la. O tênis novo e o aparelho celular, prometidos pela tia, nunca foram entregues. Ao perceber que Aline ficava com tudo, o empresário passou a dar em torno de R$ 100,00 para a adolescente por programa.

A sede da cafetina por dinheiro aumentou ainda mais quando o marido, ao descobrir a vida dupla dela, resolveu entrar com pedido de divórcio. A partir desse momento, Aline exigia da sobrinha total exclusividade, passando a persegui-la até na escola.

"Minha tia foi lá no colégio e não me viu. Foi avisada pelo pedagogo de que eu estava na biblioteca. Ela disse que eu estava me escondendo com esse negócio de livro."

As ameaças também se intensificaram.

"Minha tia dizia que, se fosse presa, tinha coragem de me matar e que o Fabian era calculista, tinha muito dinheiro e podia me matar, porque não iria para a cadeia por minha causa. A Ana Cássia sabia onde eu estudava e podia armar para me matar."

B.S. começou a entrar em depressão quando foi obrigada pela tia a ajudá-la a aliciar outras colegas do bairro, as quais tiveram a virgindade vendida para Fabian e outros empresários. Essa foi uma das causas que acabaram encorajando B.S. a denunciar a tia ao colégio.

Crimes revelados

A quebra do sigilo telefônico de Fabian, autorizada pela Justiça, levou a DEPCA a descobrir uma rede de prostituição infantil que fornecia meninas para empresários de Manaus. Durante uma operação denominada 666 (senha do celular de Fabian), a polícia prendeu, em outubro de 2018, o empresário Raimundo, a cafetina Ana Cássia, entre outros.

Todos continuavam presos até dezembro de 2019 e respondiam a processo por aliciamento de crianças para prostituição e por estupro de vulnerável. A polícia identificou outras seis crianças e adolescentes, de 9 a 14 anos, que teriam sido oferecidas a outros empresários, que estão sob investigação. As meninas eram recrutadas em escolas públicas, na periferia da cidade. Ao contrário da tia de B.S., presa no motel, os pais das demais vítimas não tinham conhecimento de que suas filhas haviam sido recrutadas por uma rede de pedofilia. Em uma troca de mensagens interceptada pela polícia, Fabian deixou claro à tia de B.S. que o seu principal objeto de prazer eram meninas virgens, batizadas por ele como puras.

Aline – *Ela é lindinha.*
Fabian – *Quero algo bacana.*
Aline – *Sempre. Você vai gostar. Você vai ser o primeiro dela.*

A quebra de sigilo revelou ainda que até mesmo meninas com 10 anos de idade eram alvo do empresário.

Fabian – *Tem camisinha?*
Aline – *Não.*
Fabian – *Nada de pressa.*
Aline – *Blz.*
Fabian – *Quero fazer sem pressa.*
Aline – *Pois ela só tem 10 anos. Tem de ter calma mesmo.*
Fabian – *Se não der certo hoje, nunca mais volto.*
Aline – *Por que vou ficar me arriscando por R$ 500? Todas que eu botei deram certo.*
Fabian – *Melhor pouco certo. Que muito incerto.*
Aline – *Mas se eu acertar um valor, entro no quarto e só saio quando você terminar o serviço sem pressa.*

"As investigações deixaram evidente que Fabian e os outros pedófilos tinham preferência por crianças magrinhas, sem corpo formado", disse a delegada titular da DEPCA, Joyce Coelho Viana. A tese da delegada é reforçada pelo diálogo mantido pelo empresário Fabian com a cafetina no dia 30 de agosto de 2018:

Aline – *Essa da pinta de B.S., sem peito, 14 anos.*
Fabian – *Daí mesmo? Do bairro?*
Aline – *Sim, vou ajeitar para você.*
Fabian – *Esse bairro é bom de mercadoria.*

Aline – *Sim.*
Fabian – *Pode nem se mudar.*
Aline – *Mas elas gostam de dinheiro.*
Fabian – *Só falta uma casa melhor, com banheiro dentro.*

A quebra do sigilo telefônico trouxe outras revelações chocantes. Aline mandava por e-mail fotos das meninas nuas aos clientes, como se fossem mercadorias. Para aliviar a dor das adolescentes virgens nas primeiras relações sexuais, a cafetina anestesiava com xilocaína as partes íntimas delas. A troca de mensagens revelou que Aline, além da sobrinha, usava o próprio filho pequeno para aliciar meninas pobres do bairro, amigas de B.S. As meninas eram recrutadas inicialmente com a desculpa de que iriam prestar serviço como babás do filho da cafetina, o que levava à autorização dos pais para que trabalhassem.

"Essa mulher é o demônio, merece estar presa. Contava um monte de mentiras para fazer mal a crianças inocentes", afirmou a empregada doméstica Thaísa Leal, mãe de G.L., uma das vítimas da rede de prostituição comandada por Aline.

"Eu conheci Aline quando fui comprar dindin [refresco congelado] na mercearia. Ela foi direto ao assunto: perguntou se eu não queria ganhar um telefone celular dos sonhos para eu sair com um homem. Eu disse que ia denunciar para a minha mãe, mas infelizmente não tive coragem", disse G.L.

"No fundo, fiquei balançada com a promessa do celular, que minha mãe não podia comprar", acrescentou.

A recusa da adolescente não fez a cafetina desistir. No dia seguinte, Aline foi pessoalmente à casa da menina, com o pretexto de que estava precisando de uma babá para cuidar do filho.

"A Aline entrou em casa com o bebê no colo, me convidando para ir à casa dela, que ia me dar um sofá e R$ 150,00 para G.L. porque gostava muito da minha filha", contou Thaísa.

Obcecada em comprar o celular desejado, G.L. disse que acabou cedendo ao assédio de Aline. A menina vendeu sua virgindade por R$ 100,00.

As trocas de mensagens pelo WhatsApp entre os aliciadores e os pedófilos mostram que Aline havia negociado a virgindade da menina inicialmente com Fabian. Mas, devido a um desencontro, o empresário acabou saindo com outra menina virgem aliciada pela cafetina: C.S., de 13 anos. A virgindade de G.L. foi vendida, então, a Raimundo.

Com os R$ 100,00 que recebeu de Raimundo, G.L. comprou o celular de uma vizinha. Como o aparelho estava quebrado, a adolescente foi obrigada a sair com Fabian em troca de um aparelho novo. G.L. ainda se recorda do encontro com ele, ocorrido na casa de Aline, no dia 30 de maio de 2018:

"Era por volta das 5 horas. Sofri muito. Não via a hora de tudo acabar. Só pensava no celular, para diminuir a dor", afirmou.

A violência também deixou marcas em F.C., de 13 anos, outra adolescente aliciada por Aline. Levada para um motel onde estava Fabian, a adolescente relatou que não conseguiu atender aos caprichos do empresário por sentir muita dor. Recebeu R$ 50,00 de Fabian e foi liberada para ir para casa, sentindo-se aliviada. A menina não sabia que seu martírio só havia começado.

Ao ser convidada para brincar no quintal de B.L., na companhia de outra colega, F.C. foi surpreendida pela ação brutal da cafetina:

"Eu estava brincando no quintal quando a Aline me pegou pelo braço, dizendo que eu havia caído em uma armadilha. Me levou para o quarto da B.L. Lá se encontrava o Fabian, que me empurrou para a cama. Corri, gritei, mas ninguém ouviu, porque o som estava alto. Nesse dia, eu passei mal, tive tontura, muita dor na cabeça", disse.

A exemplo de B.S., a menina contou que também passou a ser ameaçada de morte pela cafetina.

"A Aline disse que sabia onde eu e minha família morávamos e que o Fabian tinha dinheiro. E que todos iríamos morrer caso contássemos o caso para alguém. Por isso, não pude desabafar nem mesmo para a minha mãe", disse.

A prisão dos principais acusados revelou que meninas pobres da periferia não eram as únicas vítimas de Fabian. Testemunhas que compareceram à DEPCA contaram que Fabian assediava e tentava atacar adolescentes que trabalhavam na Fortevip, uma de suas empresas. Os testemunhos mostraram que o empresário não tinha nenhuma compaixão pelas adolescentes. Pelo contrário, ele se aproveitava do sofrimento das meninas pobres para realizar seus caprichos.

E.C., filha de um trabalhador braçal e de uma empregada doméstica, foi uma dessas vítimas. Como a maioria das crianças pobres, a adolescente viveu uma infância difícil na periferia de Manaus. Aos 8 anos, chegou a passar fome quando seus pais ficaram desempregados. A adolescente sofria também com problemas de visão, que a deixavam praticamente cega.

Por isso, E.C. comemorou muito quando finalmente ganhou seus primeiros óculos dos pais. Mas a alegria durou pouco. Aos 13 anos, sofreu uma queda que deixou seus óculos trincados. Passou a ver tudo torto e embaçado.

Na esperança de comprar óculos novos, a adolescente conseguiu emprego como auxiliar de escritório na empresa de Fabian. Motivo de esperança, o emprego virou um pesadelo. Fabian não demorou a assediá-la. Inicialmente, o empresário começou a seguir E.C. quando ela caminhava do ponto de ônibus até o trabalho.

"Ele disse que me daria não só óculos, mas tudo que quisesses, se eu aceitasse ser sua namorada." A recusa da adolescente só fez aumentar a fúria do empresário, que não teve nenhum pudor em atacá-la dentro da empresa. A adolescente tentou se trancar em uma sala, mas Fabian conseguiu arrombar a porta.

"Ele me segurou e tentou colocar as mãos por dentro das minhas roupas", afirmou E.C. Diante do quadro de violência, a adolescente não hesitou em pedir demissão do trabalho. Com a ajuda dos pais, comprou um novo par de óculos. Passado todo o sofrimento, E.C. disse sonhar em se formar em Direito e passar no concurso para delegada ou promotora de Justiça. Com isso, espera ajudar a proteger outras crianças e adolescentes que, assim como ela, foram assediadas e violentadas por políticos e empresários inescrupulosos da cidade.

A delegada titular da DEPCA, Joyce Viana, afirmou acreditar que depoimentos como esse estão sendo encorajados depois da aprovação pelo Congresso Nacional, em 2017, da Lei nº 13.431. Ela obriga a coleta do depoimento das vítimas em salas especiais, na presença de psicólogos, assistentes sociais e outros especialistas[4].

"As crianças estão se sentindo mais seguras e confiantes para contar, numa sala especial, batizada aqui como "Anjo da Guarda", os detalhes dos abusos que sofreram. Não precisam prestar outros depoimentos na delegacia ou na Justiça, o que acabava provocando ainda mais danos às vítimas", disse a delegada.

Os depoimentos são transmitidos por internet, através de um circuito fechado, à Justiça. De acordo com a delegada, há uma grande mobilização das autoridades da cidade ligadas à proteção da criança e do adolescente (a DEPCA, o Ministério Público e a Vara da Justiça da Criança e do Adolescente) na tentativa de combater a prostituição infantil, um problema social que avança para todos os bairros e camadas sociais.

"Claro que as crianças pobres, por estarem na área de risco, são as principais vítimas, mas tem muita menina de classe média que acaba se prostituindo nos shoppings só para comprar roupas de grife ou aparelho celular de luxo."

Empossada no cargo em 2017, Joyce culpou o que chama de comportamento hipócrita de parte dos moradores de Manaus pelo crescimento de crimes sexuais praticados contra crianças e adolescentes.

"Todo mundo vê que a criança está sendo aliciada e que não é por coisa boa, e na maioria das vezes as pessoas fecham os olhos para o problema, pelo simples fato de não terem seus familiares atingidos por esse crime."

Crimes sem castigo

Toda a luta no combate à prostituição esbarra ainda na impunidade. De acordo com dados do próprio Tribunal de Justiça, há mais de 500 processos sobre abusos sexuais praticados contra crianças e adolescentes parados, além de 4.000 inquéritos que se acumulam nas prateleiras das delegacias da capital amazonense. Outros 2.500 processos aguardam

---
[4] O projeto de lei da deputada Maria do Rosário (PT-RS) foi aprovado com o apoio de 11 partidos. De acordo com a lei, as crianças vítimas de violência sexual devem, nos julgamentos, ser interrogadas numa sala isolada, por videoconferência, de forma humanizada, uma única vez.

julgamento na Vara Especializada em Crimes Contra a Dignidade Sexual de Crianças e Adolescentes. Na maioria dos casos, os acusados estão soltos e nem sequer foram encontrados para prestar depoimento.

A impunidade referente a esses crimes se refletiu em levantamento assustador divulgado em 2019 pela Secretaria de Segurança Pública do Estado. Segundo a pesquisa, somente nos primeiros três meses desse ano foram notificados 450 casos de violência sexual praticados contra crianças e adolescentes na região metropolitana de Manaus. Esses dados representam um aumento de 56% em comparação com os casos registrados durante todo o ano de 2018.

Para a delegada Joyce, os estragos emocionais revelados têm causado às vítimas graves problemas psicológicos.

"As meninas e adolescentes abusadas entram em depressão, porque se acham culpadas por terem sido vendidas e usadas."

Esses impactos psicológicos, segundo familiares das vítimas, são imediatos. G.L., a menina de 13 anos que vendeu a virgindade em troca de um celular, era, segundo seus parentes, uma criança doce e amorosa antes de a cafetina Aline ter cruzado o seu caminho. A modificação de comportamento foi imediata depois que começou a ser explorada pela rede de aliciadores e pelo empresário Fabian Neves.

"Ela começou a ficar nervosa e alterar o humor. Não parava mais em casa e só falava em dinheiro", afirma Thaísa, a mãe da menina.

Vizinhas de bairro e colegas de colégio, J.G. e E.C., ambas de 14 anos, e F.C., de 13 anos, guardaram traumas por terem tido a infância roubada pelo grupo de aliciadores e de poderosos pedófilos. A dor delas aumentou depois que meninos descobriram o que tinha acontecido com elas. Sempre acompanhada de um gatinho vira-lata que ela encontrou abandonado, F.C. não se esquece do medo que sentiu ao fugir da casa da cafetina Ana Cássia, que queria obrigá-la a ter relações com o empresário Raimundo Alves do Vale Filho.

"Eu não hesitei em pular a janela da casa. Por sorte, não era muito alta. Caso contrário, podia até ter morrido."

Implacável na sua luta contra a exploração sexual de meninas e adolescentes no Amazonas, o promotor Wesley Machado, além das ações criminais, ingressou com ações de indenização, que somam mais de R$ 1 milhão, contra os aliciadores e exploradores.

"Isso não vai terminar com todo o trauma e sofrimento das vítimas, mas com certeza pode ajudá-las a ter um futuro melhor", disse o promotor.

No final de 2019, Fabian foi condenado pela Justiça a 61 anos de prisão por estupro de vulnerável. A cafetina Aline Cristina, que vendeu a virgindade da sobrinha, pegou uma pena maior: 146 anos. No início de 2020, o Tribunal de Justiça do Amazonas manteve a sentença.

Na Bahia, outro moralista pedófilo

Este livro estava praticamente concluído quando a condenação de um pedófilo em Petrolina (BA) foi noticiada por jornais e blogs. Presidente da Associação Nacional dos Conservadores (Acons), entidade com sede em Brasília, Fred Pontes foi condenado a seis anos por tentativa de estupro e exploração sexual de uma menina de 10 anos. A sentença foi proferida pelo Tribunal de Justiça da Bahia, que manteve por unanimidade a decisão do juiz de primeira instância Paulo Ney de Araújo.

"A prova carreada aos autos demonstra, de forma segura e conclusiva, que o réu praticou atos libidinosos diversos com a vítima, menor de 14 anos de idade, condutas que caracterizam os delitos de atentado violento contra o pudor com violência presumida pelos quais foi corretamente condenado", diz a sentença do Tribunal.

Organizador de carreatas da campanha de Bolsonaro nas últimas eleições, Fred não faz nenhuma questão de esconder sua aversão e seu ódio mortal aos partidos de esquerda e aos movimentos feministas. Por ironia do destino, chegou a defender a castração química de estupradores condenados pelo mesmo crime que praticou.

Defensor do direito de propriedade e da moral da família, chegou a se envolver em confusão com a polícia ao defender de forma truculenta as suas ideias. Segundo o site <pretonobranco.org>, ele descarregou em 2016 toda a sua ira contra uma estudante universitária que havia defendido na internet a legalização do aborto.

"Olha a cara dessa desgraça. Defende aborto, mas não gosta de homem. Vai pra puta que lhe pariu, doidinha!! Lambe cu de comunista.

No dia que vc engravidar e abortar, aí nós conversaremos. Vc na cadeia. E eu rindo de sua cara cafajeste", postou Fred na internet. Ele acabou indiciado pela Delegacia da Mulher.

O palco para os desatinos era a Universidade de Petrolina (BA), onde o empresário moralista não hesitava em agir de forma agressiva contra alunos e professores progressistas. Uma das vítimas da truculência de Fred, a professora Janaína Guimarães, o processou na Justiça por injúria e difamação.

Em 2006, ano em que despejou uma enxurrada de truculências contra os movimentos feministas, Fred, na época com 30 anos de idade, se esqueceu de aplicar os dogmas de bons costumes de uma família tradicional. Ele convenceu uma menina de 10 anos a ir a seu quarto, com a desculpa de que lhe daria um presente. Totalmente desequilibrado, rasgou a roupa da menina na tentativa de estuprá-la. Detalhe: a criança era aluna da mãe de Fred e tinha ido à casa dele para ter uma aula de reforço. Por sorte de Fred, a sentença determina que ele cumpra a pena em regime semiaberto.

CAPÍTULO 2

Do contato com os índios korubo nasce uma investigação

No meio da Floresta Amazônica, funcionários da Fundação Nacional do Índio revelam esquema de prostituição infantil. Eles não eram denunciantes, mas frequentadores desses antros

Sob o comando do sertanista Sydney Possuelo, vinte funcionários da Fundação Nacional do Índio (Funai) avançam pela mata do Amazonas, na fronteira do Brasil com o Peru e a Colômbia. Os sertanistas tentam contato com os índios korubo, conhecidos como índios "caceteiros", que desde a década de 1970 travam uma guerra com madeireiros e invasores de terra. O conflito sangrento já provocou a morte de trinta pessoas dos dois lados. Em um desses confrontos, índios foram abatidos a tiros por funcionários da própria Funai[5].

---

[5] Em 2000, publiquei em *O Globo* reportagem em que os índios da região denunciaram que o ex-chefe da Funai em Tabatinga, Valmir Torres, havia comandado, em 1975, o massacre dos korubo. O objetivo era vingar a morte do sertanista Jair Pimentel durante uma tentativa fracassada de contato com os índios então arredios. Um inquérito interno foi instaurado e Valmir, absolvido. A história da matança foi confirmada pelo jornalista Rubens Valente no livro *Os fuzis e as flechas. História de sangue e resistência indígena na ditadura* (Companhia das Letras, 2017). Entre os documentos e depoimentos, o jornalista apresenta um relatório

Os korubo reagem à aproximação dos servidores da Funai. Para espantar os invasores de suas terras, eles batem com suas bordunas em troncos de árvores. Os golpes na madeira geram um barulho ensurdecedor. Possuelo resolve então recuar, adiando a tentativa de contato, que viria a acontecer com sucesso duas semanas depois.

"Coitados dos índios. Eles estão assustados porque vêm sofrendo todo tipo de ataque de madeireiros e de todo tipo de gente desde a década de 70", afirmou Possuelo, logo depois da tentativa fracassada de contato.

A cena descrita ocorreu em 1997. Durante um mês, eu e o fotógrafo Sergio Tomisaki acompanhamos pelo jornal O Globo a expedição da Funai que tentava contato com os índios arredios. O ponto de apoio e abrigo da equipe era um barco ancorado na confluência dos rios Quito e Itaquaí, no Vale do Javari, a cerca de cinco horas de voadeira (barco com motor de popa) de Tabatinga.

Tão assustadoras quanto as bordunas dos korubo eram as histórias das chamadas "Disneylândias do Sexo", boates-cassino que exploravam a prostituição infantil em Manaus, contadas por funcionários terceirizados da Funai, sempre na ausência de Possuelo, que não tinha conhecimento do fato.

"Na minha folga vou para as 'Disneylândias' em Manaus; as meninas não têm nem pelinho e se vendem apenas por um lanchinho", contava um funcionário, que nas horas vagas disparava tiros para o alto só para assustar os botos que brincavam no rio, dando saltos para fora da água.

Embora chocante, a cena não era nova. Muitos dos criminosos que cruzaram o meu caminho, no exercício do jornalismo, tinham um passado de violência contra animais. Em Maceió (AL), ouvi de um juiz, ameaçado de morte, o relato de que a maioria dos pistoleiros de aluguel havia participado de touradas sangrentas ou trabalhado em açougues. Essa tese é embasada por um estudo que resultou no livro *Mindhunter*, escrito pelo analista do FBI (a polícia federal americana) John E. Douglas e por Mark Olshaker. Ao entrevistar assassinos em série, os autores concluíram que a maioria havia matado ou torturado

---

inédito da ASI (braço do SNI na Funai), que, a partir de uma testemunha, trata da participação de Valmir e mostra com detalhes como o caso foi abafado.

animais quando eram crianças. Esses maníacos tinham, ainda, o hábito de colocar fogo em casas.

No Brasil, há o caso dos irmãos Wellington e William Gontijo, donos de uma rinha de galo, que sequestraram e assassinaram a menina Miriam Brandão, em 1992, em Belo Horizonte. Sem nenhuma compaixão, os irmãos asfixiaram a menina, atearam fogo ao corpo e o enterraram no quintal da casa deles[6].

Depois de concluir a reportagem sobre os índios korubo, comecei a elaborar a estratégia para uma reportagem sobre as "Disneylândias do Sexo". Ela foi discutida e aprovada pelos chefes do jornal O Globo na capital paulista e no Rio. Ficou acertado que, acompanhado de um fotógrafo, eu frequentaria esses antros disfarçado de turista para ganhar a confiança de fregueses e funcionários. Assim que se sentissem seguros, eles acabariam abrindo o jogo sobre o funcionamento do esquema. Combinou-se também, com a direção da redação, que somente as crianças e adolescentes deveriam saber que atuaríamos infiltrados disfarçados de turistas para contar a história delas. Caberia às meninas decidir se iriam colaborar ou entregar a nossa cabeça aos vilões. Por sorte, elas escolheram a primeira opção. Além de ajudar na apuração, as meninas – depois de publicada a série de reportagens – enfrentaram forte pressão para desmenti-la, mas confirmaram tudo o que foi denunciado. Era uma prova de que as vítimas de abuso haviam se tornado prostitutas por falta de opção e por imposição de parentes, ao contrário do que dizem os moradores, que creditam a prostituição infantil a uma questão cultural da região, conforme a qual as jovens iniciariam sua vida sexual precocemente. Outro ponto que foi combinado no jornal era que de forma alguma o fotógrafo deveria interferir no ambiente. Certamente, os envolvidos tentariam negar a reportagem se houvesse alguma foto posada. Isso seria o pretexto de que precisariam para desqualificar o trabalho.

No início de fevereiro de 1997, desembarcamos em Manaus. Ao chegar à primeira boate, de bermuda e chinelo, deparei logo de cara

---

6 Sequestrada no dia 22 de dezembro de 1992 pelos irmãos William e Wellington Gontijo, Miriam, de 5 anos, foi encontrada morta na periferia de Belo Horizonte, no dia 7 de janeiro de 1993. Os irmãos foram presos quando, de um telefone público, tentavam pedir resgate. O sequestro contou ainda com a ajuda de uma funcionária dos pais da menina, Rosemeire Pinheiro, também presa. Depois de cumprirem grande parte da pena de 17 anos, os três foram postos em liberdade.

com a primeira surpresa: uma menina, de 13 anos, exposta em frente a uma roleta de cassino, com o objetivo de atrair clientes. A cena foi registrada por uma máquina portátil, o que acabou irritando os seguranças. Conseguimos contornar a situação sob o argumento de que éramos turistas e que a foto havia sido feita para convencer uns amigos de São Paulo a irem a Manaus. Esses nossos amigos, de acordo com a versão que demos aos funcionários da boate, seriam também fanáticos por festinhas com meninas. "Quanto mais novinha, melhor", disse o fotógrafo, repetindo a frase que ouvira de um funcionário da Funai.

A discussão acabou numa rodada de cerveja. Em menos de três horas, tínhamos nos enturmado. O incidente serviu para confirmar que as cenas mais chocantes seriam registradas apenas depois de, disfarçados de turistas, conquistar a confiança nas boates. Mas havia outro problema. A tecnologia disponível em 1997 não facilitava esse tipo de trabalho. Não havia, por exemplo, microcâmeras iguais às usadas pelas emissoras de TV atualmente. As fotos nem eram transmitidas pela internet, porque as máquinas digitais não tinham sido adotadas nas redações. Não se podia contar nem mesmo com a orientação dos conselhos tutelares, porque eles ainda não tinham sido implantados.

A equipe de *O Globo* passou duas semanas em Manaus, onde cumprimos uma rotina à risca: com traje de turista, começávamos uma peregrinação pelas boates por volta das 10 horas. No final da tarde, íamos para o bar do hotel ouvir histórias de executivos e outros hóspedes que, nas horas vagas, saíam à caça de meninas pelo Centro. Aos sábados, participávamos de peladas com funcionários do hotel, que foram avisados do tema da nossa reportagem, sem dificultar o trabalho. Por volta das 21 horas, retornávamos aos antros de prostituição infantil.

Com o tempo, começamos a ficar exaustos com a rotina de trabalho. Afinal, não é fácil interpretar a todo instante o papel de carrasco pedófilo à procura de meninas. Embora soubesse que tudo que falava era um jogo de cena, um monte de baboseira, isso de alguma forma acabava me afetando psicologicamente. Todo o estresse contribuiu para pequenos erros, que podiam não só ter comprometido a reportagem como ter colocado vidas em risco. A situação mais grave ocorreu quando esqueci a carteira no hotel. Ao pagar a conta com cheque na boate Amarelinho, o fotógrafo Luiz Carlos puxou a carteira da Federação Nacional dos Jornalistas (Fenaj).

O tempo fechou na boate, com os seguranças irritados. Mais uma vez a situação foi contornada: usamos o argumento de que a carteira era fornecida por amigos para facilitar a entrada nos diferentes lugares. A fim de acalmá-los, foram prometidas carteiras iguais para os seguranças, desde que eles levassem as fotos.

"Já entendi tudo. É igual aos adesivos que os policiais amigos fornecem para os donos das boates", disse um dos seguranças.

Como havia previsto, as fotos foram tiradas sem maiores problemas. Uma delas – a do corretor Benício dos Santos beijando a barriga de uma menina sentada em seu colo – impulsionaria a série de reportagens em *O Globo*, chegando a ser tema de uma coluna do jornalista Sérgio Pompeu na revista *Veja*[7]. Segundo Pompeu, a foto, que acabaria sendo finalista do Prêmio Esso de Fotografia, chamava a atenção porque mostrava os clientes da boate indiferentes à cena registrada pelas lentes do fotógrafo. A imagem, que chocou o país, incomodou até mesmo quem não tinha nada a ver com o assunto. A cervejaria Antarctica exigiu que a foto deixasse de ser publicada, porque apareciam garrafas da sua marca na mesa do bar. Pela ótica da empresa, a culpa não era dos pedófilos, mas dos jornalistas, como se eles tivessem colocado as garrafas em cima das mesas.

Ao ser feita, a foto ajudou a definir como o texto principal seria conduzido. As histórias da adolescente e do corretor seriam apresentadas individualmente. Só depois seria descrito o encontro deles na boate. Para concretizar a ideia, era preciso conhecer a rotina dos dois personagens. No dia seguinte ao da captura da imagem, procuramos o corretor no Centro e a menina no bairro Colorado. Ela aceitou contar toda a sua história de vida, desde que eu me comprometesse a jamais abandonar a causa das meninas. No caso dele, nos apresentamos como turistas.

Como as boates eram conhecidas como "Disneylândias do Sexo", surgiu também a ideia de dar um movimento circular ao texto, como uma roda gigante ou outros brinquedos de um parque de diversão.

---

[7] Um dos fundadores da revista *Veja*, o jornalista Sérgio Pompeu morreu em decorrência de uma parada respiratória, no dia 1º de janeiro de 2000.

Ficou evidente desde o início que o texto só teria sentido se fosse publicado juntamente com a foto. A mesma impressão teve o chefe da sucursal de *O Globo* em São Paulo, Arnaldo Bloch.

"Essa é a foto do encontro?", perguntou Bloch.

"Sim".

"Não precisa me dizer mais nada. Esse é o texto e a história da sua vida", disse.

Como nada é perfeito, a foto era tão chocante que acabou não sendo publicada na primeira página do jornal. Foi parar na página interna, e ainda assim por insistência do editor de política, Ramiro Alves[8]. Uma editora se recusava a publicar a foto por considerá-la muito chocante. Estava enganada. A foto foi o fio condutor de toda a história.

Seguindo o conselho de Bloch, o texto que abriu a série de reportagens é reproduzido no capítulo a seguir.

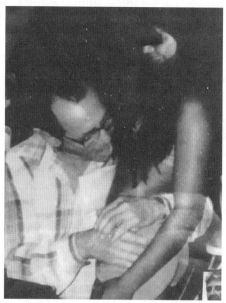

Na Disneylândia do Sexo, corretor beija menina de 13 anos. Foto: Luís Carlos Santos.

---

[8] Apaixonado pelo Rio de Janeiro e pelo Flamengo, Ramiro Alves foi meu padrinho de casamento, em cerimônia em Ouro Preto (MG). Ele morreu em maio de 2018, vítima de câncer. Foi por convite dele que trabalhei como repórter especial na sucursal de *O Globo* em São Paulo e como editor da *IstoÉ* em Brasília.

CAPÍTULO 3

Com apoio da polícia, a Zona Franca da prostituição infantil

*Chamadas de "Disneylândias do Sexo",
boates de Manaus exploravam a prostituição infantil
com o apoio de policiais da cidade*

Nas poucas horas em que fica em casa, L., de 13 anos, não leva uma vida muito diferente das demais meninas do bairro Colorado, na periferia da cidade. Vez por outra, assiste ao programa de Angélica na TV, gosta de brincar com um ursinho de pelúcia que ganhou numa máquina de diversão eletrônica e, na ausência de praças e parques no bairro pobre, pula amarelinha com as meninas de sua idade nas ruas perto de casa.

Vaidosa, L. faz as unhas todos os sábados e adora posar para fotografias. Diante da câmera, repete os gestos: arruma os cabelos com as mãos, cruza as pernas. Depois de sorrir, faz duas exigências ao fotógrafo: "Quero cópia das fotos e gostaria que elas somente fossem publicadas em jornais de fora".

Apesar da pose, L. está triste. Os garotos andam zombando dela depois que descobriram a vida que leva fora do bairro. Nos momentos de desconsolo, L. só encontra conforto num ratinho de estimação que ganhou de uma amiga e guarda numa caixa de sapato. Da escola e da mãe – que, segundo a menina, lhe tira o dinheiro que ganha com muito suor –, não gosta nem de ouvir falar. A menina mora numa casa de dois cômodos com N., de 11 anos, a caçula da família, a irmã mais velha e o cunhado, que trabalham duramente em troca de salário mínimo.

"O dinheiro deles mal dá para o aluguel. Para mim não sobra nada. O pai morreu, e a mãe vive por aí, só sabe me pedir dinheiro", conta a menina.

Corretor é rigoroso em casa e pedófilo fora dela

Bem distante do bairro Colorado, numa casa de classe média perto do Centro, o corretor de seguros Benício dos Santos, de 56 anos, é quem dá as ordens. O corretor não admite que a mulher trabalhe fora e trata os filhos com mão de ferro.

"Não gosto de sem-vergonhice na minha casa. Lá quem manda sou eu", esbraveja, quando está numa roda de amigos.

Benício só perde o ar sério quando deixa o escritório, na Praça 14. Sorridente, molha o rosto, penteia o cabelo, arruma o bigode e assume o papel de conquistador, ao estilo de Nelsinho, personagem do escritor paranaense Dalton Trevisan em *O vampiro de Curitiba*. O corretor tem obsessão doentia pelas mulheres. Só que, em seu currículo de conquistador, Benício tem uma obsessão a mais que Nelsinho: o desejo por meninas de 12 a 15 anos de idade.

"Mulher velha já tenho em casa. Meu negócio é franguinha. Quanto mais nova, mais arrepiado fico."

A investida de Benício começa logo na Praça 14, onde meninas ganham a vida se prostituindo. Sua arma de conquista é uma nota de R$ 10,00, com a qual consegue passar uma hora nos motéis baratos que se espalham pelo Centro.

Menina se prepara para trabalhar já ao meio-dia

A transformação de L. começa logo ao meio-dia. Vestida com um shortinho curto, que mantém sempre com o primeiro botão aberto, uma blusa provocante e sapato de salto alto, sai para cumprir a rotina que odeia: ganhar a vida se prostituindo nas praças ou nas boates-cassino que têm nomes como Natureza, Emoções, Aquarela, Belas Artes, Jacutinga e Holanda. São tantas as crianças nesses antros de prostituição infantil que seus funcionários e frequentadores passaram a chamá-las de "Disneylândias do Sexo". Nas "Disneylândias", as jovens prostitutas começam a ser tratadas como veteranas aos 17 anos.

Os destinos de Benício e de L. se cruzaram na Holanda, uma das "Disneylândias" mais movimentadas. São quase 19 horas. Ao som de um teclado altíssimo, dedilhado por dois músicos que se revezam dia e noite, os frequentadores – criminosos, marinheiros, profissionais liberais e policiais – andam de um lado para o outro. L. chega acompanhada da irmã N. e logo é abordada por Benício, que está sentado com um amigo e não para de mostrar as fotos que tirou de uma menina nua. O corretor convida L. para se sentar à mesa e vai direto ao assunto.

"Tu é tão novinha, minha bichinha, que me deixa louco. Por isso vou inflacionar o mercado. Vou te pagar R$ 15,00", oferece o corretor, com seu melhor sorriso.

Benício prossegue na investida: abraça L. e a põe no colo, para beijar-lhe os seios. Acertado o preço, combinam o local do encontro. Ela mesma sugere o Tititi, um dos mais de 300 hotéis da cidade, onde, por R$ 5,00, é possível passar uma hora com uma menina sem qualquer burocracia: não se exige nem mesmo carteira de identidade.

A máquina portátil do fotógrafo de *O Globo*, que se faz passar por turista, circula pelas mãos das meninas, que flagram os principais lances. Sentado a uma mesa, um senhor barrigudo manda um emissário para fazer uma ameaça.

"Se meu amigo for fotografado, você e seu amigo estão mortos", diz, ouvindo a desculpa de que o repórter e o fotógrafo são apenas turistas.

"Não fotografa, pois ele é da polícia", avisa também o açougueiro Antônio Carlos, o Cacá, outro frequentador.

O alerta do emissário começa a ser esclarecido em seguida. João Holanda Gilberto Brindeiro, gerente e filho do proprietário da "Disneylândia", chega ao cassino no Opala BWM 1725, que chama a atenção por ter nos vidros seis adesivos com a inscrição "Federol – Federação dos Delegados de Carreira do 3º Distrito, Amigo da Polícia".

Uma hora depois, na Natureza, o chefe da segurança, Fernando Silva, o Tyson, que faz também uns bicos na Holanda, é quem explica a origem dos adesivos: "O delegado titular da Roubos e Furtos, Mariolino Brito dos Santos, ex-presidente da Federol, é amigo do proprietário da Holanda", conta Tyson.

Além da boate Natureza, Mariolino é frequentador assíduo da Aquarela, no mesmo quarteirão. Por sua conivência com as boates-cassino, ele responde a quatro processos criminais por corrupção passiva, prevaricação e abuso de autoridade, de acordo com a promotoria do Tribunal do Júri.

A Holanda e a Natureza são frequentadas também pelo delegado especial José Cavalcanti Filho, que, segundo os inquéritos da promotoria, tem uma ficha ainda pior: está sendo processado pelo Ministério Público por furto de veículos, homicídio e abuso de autoridade. Até dois meses antes, o policial, que desfilava pelas ruas de Manaus em um Mitsubishi com placas frias, era o delegado da Entorpecentes.

A agitação na Natureza costuma ser ainda maior que na Holanda. Decorada com quadros de yaporangas, deusas amazonenses engolidas por serpentes, a Natureza guardava no porão uma jiboia, trazida pelos proprietários para comer os ratos. A cobra, contam, cresceu tanto que foi preciso chamar os bombeiros para retirá-la.

O ambiente assusta. Os banheiros cheiram mal e os dois tecladistas ficam numa espécie de gaiola de madeira, no alto do salão, que lhes esconde o rosto. O artista plástico Carlos Mendes, que pintou as yaporangas, retrata a lápis, por R$ 5,00, gravuras com os rostos dos clientes assediando as meninas.

Mas nada na Natureza chama mais a atenção do que S., de 15 anos, que fica ao lado da roleta para atrair os clientes. Ela distribui sorrisos e faz charme. De repente, uma mulher magra e madura, de cabelos curtos, atravessa o balcão, e outro segurança, Dagmar Souza, explica: "É a policial Vilma. Já veio buscar a propina. Todo dia ela vem aqui buscar a parte dela".

Segundo o procurador de Justiça Carlos Coelho, a policial se chama Vilma Santiago, da Delegacia Geral de Polícia.

"É um peixe pequeno, já que o filé-mignon está centralizado nas delegacias de Entorpecentes e Roubo e Furtos", afirmou o promotor Valber Luis Silva do Nascimento, um aliado de Coelho na batalha contra a corrupção policial.

Sentadas a uma mesa próxima à roleta, T., 13 anos, A., 17 anos, e M., 15 anos têm um passado em comum: conheceram a fome, vieram do interior por imposição dos pais, que as introduziram na prostituição, e têm cicatrizes que dizem ter sido provocadas por navalhadas de clientes, que às vezes se recusam a pagar o preço combinado.

"No mês passado, um turista me levou para o barco, me bateu e, depois de fazer todo tipo de violência, me deu um calote, ameaçando ainda me matar", contou B., de 16 anos, sentada na boate Jacutinga, que, em vez de roletas, tem máquinas eletrônicas com bichinhos de pelúcia para distrair as crianças que vivem da prostituição.

Os mesmos métodos são usados por outras casas da Zona Portuária, como a Bigode e a Canarinho. Existe outro ponto em comum nas "Disneylândias do Sexo": as meninas são obrigadas a esconder a violência praticada pelos clientes. F., de 13 anos, que trabalha na Emoções, próximo ao porto, no Centro, diz: "Quem abre a boca perde o direito de trabalhar na casa".

Freira diz que meninas não têm lazer nem apoio em casa

A irmã Roselandy de Souza Vieira é uma das coordenadoras da Casa Mamãe Margarida, que abriga 150 meninas vítimas de violência sexual. Ela acredita que os problemas das meninas começam em casa, onde geralmente sobra violência e falta apoio. "Até as áreas de lazer tornaram-se centros de prostituição", lamenta.

Segundo Roselandy, a maioria das 150 meninas tem um passado em comum: foram violentadas pelo pai ou padrasto, que, mais tarde, as lança no mundo das ruas. A aferição da freira é confirmada por pesquisa, financiada pelo Fundo das Nações Unidas para a Infância (Unicef), feita para detectar o perfil da prostituição infantil em nove estados do

Norte. O estudo detectou que 90% das meninas que se prostituem são violentadas em casa.

É o caso de Y., de 12 anos, encaminhada ao abrigo Mamãe Margarida pelo juiz, depois de ser violentada pelo irmão mais velho e pelo pai.

"Lá em casa todo mundo gostava de me maltratar", conta. A gerente do SOS Criança de Manaus, Leuma Oliveira, acredita que a violência em casa está levando crianças a fugirem para outros estados. Ela disse que a entidade recebe em média, por mês, 25 denúncias de desaparecimento de crianças.

"Existem duas hipóteses para isso: ou as crianças estão fugindo de casa ou há uma rede organizada de tráfico de meninas para a prostituição", conclui.

A barra pesada das "Disneylândias" faz L., a menina de 13 anos que tem um ratinho de estimação e mora no bairro Colorado, sonhar em fugir um dia. Ela planeja, mas não sabe por que, mudar-se para Porto Velho (RO). Ao contrário da maioria das meninas, L. não faz pequenos talhos nos pulsos – um ritual de passagem de ano no qual as meninas pedem proteção aos deuses da Amazônia – porque acredita que um dia arrumará um marido.

Talvez esses sonhos possam fazer L. esquecer o trauma de sua vida, que custa revelar: aos 8 anos, teve de chorar muito e implorar para não ser estuprada por PMs. Os policiais a pegaram numa praça. Naquela época, L. não era prostituta. Estava lá para brincar, como uma criança qualquer.

CAPÍTULO 4

Passarelli, o executivo que anotava em sua caderneta o nome de meninas aliciadas

Walter Passarelli, o empresário paulista que prestava serviços para empresas da Zona Franca, percorria ruas e a Praça Dom Pedro II em busca de crianças e adolescentes na região portuária de Manaus

Até hoje é difícil entender por que o executivo Walter Passarelli, então com 46 anos, sentia prazer em revelar com detalhes suas relações com meninas de Manaus aos repórteres de *O Globo*. Era mesmo difícil de acreditar, porque ele fora avisado desde o início de que estávamos produzindo uma reportagem sobre prostituição infantil.

O fato é que, natural de Barretos (SP), onde não aparecia para ver a mulher havia três meses, o executivo provocava risos em funcionários do Novotel de Manaus e a indignação de estrangeiros ao revelar aliciamento de meninas nas "Disneylândias" e praças da cidade, em 1997.

Dono de uma empresa que prestava serviços à Gradiente, na Zona Franca, Passarelli martelava a mesma história: apresentava-se como "Vagineiro" e dizia contar o número de adolescentes que havia "conquistado", cujos nomes, cerca de 120, estavam anotados em sua caderneta. Funcionários e colegas logo se acostumaram a cumprimentá-lo pelo apelido.

Obcecado por sexo, Passarelli às vezes deixava de almoçar para sair em busca de meninas. A Praça Dom Pedro II era seu local preferido, mas de vez em quando se aventurava pelas boates-cassino.

Passarelli garantia que nem sempre foi assim. Antes, disse, era um homem sério: marido carinhoso, raramente saía de casa e tinha como principal diversão assistir à televisão com a mulher e os três filhos. A metamorfose, segundo ele, ocorreu depois que a mulher resolveu permitir que os namorados da filha se instalassem na casa.

"Fiquei revoltado quando vi minha filha barriguda e o namorado dela dando ordens em casa, onde eu pagava as contas."

A partir daí, disse, passou a assediar adolescentes e mulheres. Um dia, ao ser chamado de "puteiro", respondeu de pronto: "Me chama de 'Vagineiro', mulher. É muito mais elegante".

Adotou o apelido. Passarelli afirmava que era um santo perto da maioria dos hóspedes do hotel. "Estou cansado de ver um monte de japonês nadando na piscina com menina de 12 anos."

Principal ponto de "caça" de Passarelli, a Praça Dom Pedro II, em frente à prefeitura de Manaus, era frequentada principalmente por homens por volta dos 50 anos e meninas a partir dos 12. Um forasteiro poderia imaginar que os homens são pais e avós que estão vendo filhas ou netos brincarem. Mas não havia balanços nem outros brinquedos. Os moradores sabiam que os homens iam à praça com um único objetivo: levar para um dos motéis próximos uma das meninas, que encontravam na prostituição a única forma de sobrevivência.

A praça tem à sua volta a Prefeitura, a Secretaria Estadual de Justiça, a Assembleia Legislativa e a Câmara de Vereadores. A vizinhança não impediu, no entanto, que abrigasse um dos principais focos de prostituição infantil. Uma quadra abaixo fica a Avenida Tamandaré, tomada pelas "Disneylândias do Sexo".

Na praça há uma fonte ornamentada com anjos, além de uma placa que anuncia "uma cidade humana". Ao lado da Secretaria de Justiça, um flagrante: o lavador de carros Jodeílson Sampaio, de 33 anos, tentava cobrar à força uma dívida de R$ 14,00 referente à venda de "mel" (uma pasta feita à base de cocaína, fumada em cigarro junto com maconha). Mais à esquerda, outro lavador de carros, Charles Costa, de 30 anos, dava um banho em H., de 15 anos.

"Os lavadores vivem pegando dinheiro da gente", contou a menina.

Mas nada incomodava mais do que a polícia.

"A gente vai para a delegacia. Depois de lavar o chão, somos obrigadas a transar com os carcereiros", conta A., cuja denúncia é confirmada pelo juiz Rafael Romano, da Infância e Juventude.

A violência policial contra as crianças se estendia a outras praças da cidade (como as do Relógio e da Matriz) e às boates que exploravam a prostituição infantil. Nas ruas Joaquim Nabuco e Floriano Peixoto, outra peculiaridade, segundo o procurador Carlos Coelho: as boates haviam se tornado pontos de distribuição de drogas. "A principal delas é a Arteiro, sob o comando de policiais."

Um negócio que só dá lucro para os donos de boates

Não foi difícil perceber que a exploração da prostituição infantil era um negócio lucrativo. Um negócio em que somente as meninas exploradas saíam no prejuízo. Apesar de não terem vínculo com as "Disneylândias do Sexo", essas boates-cassino nos arredores da Praça Dom Pedro II tinham em prostitutas de 12 a 16 anos as maiores atrações. Por isso, as meninas recebiam dos donos um lanche e o direito de circular para conquistar clientes, que lhes davam em torno de R$ 10,00 por programa. Elas não eram obrigadas a pagar comissão pelos programas, porque atraíam clientes que jogavam nas roletas e consumiam grande quantidade de bebidas.

Mesmo em valores da época, o resultado para os donos era para lá de compensador. As boates, em sua maioria na região portuária, vendiam 5.400 engradados de cerveja por mês, garantindo aos proprietários, só com a bebida, uma receita diária de R$ 8.640,00, o que significa nos dias atuais algo em torno de R$ 35.000,00.

"Os lucros são ainda maiores, já que dificilmente um apostador consegue ganhar", contou o segurança da boate Natureza, Francisco Santos, o Tyson.

Confirmei o relato do segurança. Nas duas semanas em que frequentei essas boates, não vi nenhum apostador sair no lucro. Danilo Soares, responsável pela roleta, explicou o truque que impedia o apostador de ganhar. "Eu tenho uma pasta nos dedos que controla a roleta", disse ele, aos risos.

Na boate Emoções, outra "Disneylândia" nos arredores da Praça Dom Pedro II, não havia roletas. Apesar das placas do Juizado de Menores proibindo a presença de menores de idade, o local era frequentado por meninas de 12 e 13 anos. Os clientes não precisavam deixar a boate para fazer sexo com as crianças, pois eram oferecidos quartos a R$ 5,00. As meninas se queixavam de que às vezes os clientes eram violentos. Elas apanhavam e acabavam não recebendo nada. Pior: não tinham a quem reclamar, porque os donos das boates, apoiados pela polícia, só estavam interessados nos lucros que os clientes deixavam na casa.

Casa Mamãe Margarida, uma luz no fim do túnel

Muitas dessas histórias de violência foram relatadas por meninas acolhidas na Casa Mamãe Margarida, instituição ligada à Igreja Católica, que dá proteção a crianças vítimas de maus-tratos. Fiquei impressionado ao conversar com algumas das meninas do abrigo e perceber a felicidade em seus olhos. Ao contrário das exploradas nas ruas e boates, as meninas do abrigo corriam de um lado a outro do casarão, onde passavam o dia inteiro, recebiam quatro refeições e tinham atividades, como aulas de bordado, música, computação, culinária e artesanato.

"Por mim, não saía daqui nunca. Tenho amigas e vivo feliz", disse V.S., de 13 anos, retirada das ruas pelo Juizado de Menores. A história de V.S. não é muito diferente daquelas que viveram as demais meninas assistidas pelo abrigo: foi violentada pelo pai dentro de casa e colocada nas ruas, onde começou a se prostituir e a consumir drogas.

As responsáveis pela alegria das meninas no abrigo foram cinco irmãs da Congregação Maria Auxiliadora, que, ao perceberem o descaso do governo do estado e a precariedade dos abrigos para crianças em Manaus, assumiram a educação de meninas violentadas em casa ou que se prostituem.

"Todas essas meninas viveram histórias parecidas: são vítimas de estupro e maus-tratos dos pais e, devido à falta de estrutura familiar, acabaram se prostituindo por influência da própria família", afirmou a coordenadora do projeto, a irmã Roselandy de Souza Vieira.

A maior parte das meninas foi encaminhada ao abrigo por comissários do Juizado de Menores, que as tiravam das ruas ou assumiam a tutela quando eram violentadas em casa. Apesar de serem vítimas de violência dos próprios pais, muitas acabavam voltando para casa.

"Tentamos, então, com a ajuda do Juizado de Menores, reintegrá-las a suas casas, fazendo um trabalho psicológico com os pais, que passam a ser vigiados pela Justiça", explicou a freira.

Para ela, o trabalho não era nada fácil, já que as meninas, apesar da pouca idade, tinham uma experiência sexual significativa.

"Elas passaram muito tempo na rua e aprenderam tudo que é ruim. Se prostituíram porque eram obrigadas a levar uma determinada quantia de dinheiro aos pais", afirmou a freira, à época.

A prostituição se expande para outros pontos da cidade

Passados vinte anos, as chamadas "Disneylândias do Sexo" praticamente não existem mais. A exploração sexual de crianças e adolescentes se espalhou do Centro para as zonas leste, sul e norte de Manaus.

Boates e bares desses bairros de periferia, onde se toca funk e outros tipos de música, passaram a ser o ponto de encontro de meninas e adolescentes "ofertadas" a clientes, como caminhoneiros, empresários e funcionários públicos.

Isso foi confirmado pela tese de doutorado do pesquisador da Universidade do Estado do Amazonas (UEA) Joaquim Hudson Ribeiro. Ao analisar 4.612 casos de exploração de crianças e adolescentes nos arquivos da Delegacia Especializada em Proteção à Criança e ao Adolescente (DEPCA), no Serviço de Atendimento às Vítimas de Violência Sexual (SAVVIS) e no Centro de Referência Especializado de Assistência Social (CREAS), no período de 2006 a 2010, o pesquisador chegou à conclusão de que a maioria dos 19 focos de exploração sexual de crianças e adolescentes está nesses bairros.

Mudaram os locais de exploração, mas, a exemplo do que ocorria no final dos anos 1990, aliciadores e pedófilos continuam a desafiar as autoridades. De acordo com o levantamento, as imediações do Fórum Ministro Henoch da Silva Reis, do Juizado de Menores e da Defensoria Pública, na zona leste da cidade, se transformaram numa das principais áreas de prostituição infantil.

Ponto de chegada e partida de pequenas embarcações que transportam passageiros para cidades vizinhas e escoam produtos agrícolas por meio dos rios Negro e Solimões, o Porto Ceasa, na zona leste, também ganha destaque na pesquisa. Localizado perto da rodovia BR-319, que liga os estados do Amazonas e de Rondônia, o porto tem sido usado por quadrilhas de traficantes que levam meninas para a Guiana Francesa, o Suriname, a Venezuela e a Colômbia. De acordo com o estudo, 89% das vítimas têm entre 10 e 13 anos e moram com os pais nas regiões norte e leste da cidade.

Foi nessa segunda região que a polícia deflagrou, em 19 de maio de 2019, a Operação Araceli, que resultou na prisão de cinco pessoas de uma quadrilha acusada de exploração sexual de menores de idade. Outras cinco pessoas conseguiram escapar do cerco policial. Durante a operação, que envolveu um efetivo de 80 policiais, foram apreendidos equipamentos eletrônicos com fotos de meninas nuas.

O estudo revelou ainda que 46,5% dos pedófilos eram pais, padrastos ou pessoas próximas das famílias. Quase 92% eram pessoas conhecidas das vítimas. Cerca de 17% das vítimas foram drogadas antes de serem violentadas. Houve também um aumento no preço do "acompanhamento íntimo" de meninas e adolescentes: em torno de R$ 100,00 nas avenidas. Nos casos que envolvem uma rede de aliciadores e meninas virgens, os programas podem chegar a R$ 1.000,00. Nesses casos, a maior parte do dinheiro fica com os rufiões e cafetinas.

O uso de drogas entre as meninas abusadas também é mencionado por um relatório denominado "Dossiê Amazonas", elaborado em 2014 pelo Movimento Nacional de Direitos Humanos (MNDH –AM/RR). O relatório cita o caso da adolescente T., de 16 anos, encontrada morta em 2012 num motel no Centro de Manaus, vítima de overdose de cocaína. De acordo com o relatório, a menina foi aliciada por uma quadrilha no município de Barreirinha. A exemplo de outras meninas, a adolescente seria levada para a cidade turística de Parintins para programas com políticos durante a festa folclórica dos bois Garantido e Caprichoso. O caso foi denunciado ao MNDH pela avó da adolescente, que já havia comunicado o esquema de prostituição ao Conselho Tutelar de Parintins – o qual, segundo a avó da vítima, não tomou nenhuma providência. O MNDH recebe em média cerca de 50 denúncias por ano de crianças e adolescentes vítimas de abuso sexual. Entre as denúncias estão casos assustadores, como a de um grupo de meninas que teriam suas virgindades rifadas na Feira da Manaus Moderna, na zona leste, e de meninos aliciados em escolinhas de futebol do mesmo bairro.

A exploração sexual de crianças e adolescentes também avança pelas principais rodovias que cortam o estado do Amazonas. De acordo com levantamento da Polícia Rodoviária Federal (PRF), houve um aumento de 71% nos pontos vulneráveis de exploração sexual de crianças e adolescentes nas rodovias federais do Amazonas, em 2017 e 2018, na comparação com o biênio anterior.

Elaborada em parceria com a Childhood Brasil (organização sem fins lucrativos de proteção à criança fundada pela rainha Sílvia, da Suécia), o levantamento apontou 31 focos de prostituição infantil em bares, boates, restaurantes e postos de combustíveis às margens das rodovias federais no estado. De acordo com o estudo, o aumento foi provocado principalmente pelo consumo de drogas, a alta rotatividade e a prostituição de adultos nessas localidades.

CAPÍTULO 5

Manaus, cidade dominada por policiais acusados de corrupção que ficam impunes

Policiais acusados de fazer vista grossa à prostituição cometeram outros crimes, mas nunca foram punidos. Muitos deles foram até promovidos na gestão do ex-governador Amazonino Mendes

Publicada na edição de *O Globo* de 23 de março de 1997, um domingo, a reportagem sobre a prostituição infantil em Manaus provocou a indignação de representantes de direitos humanos de todo o país e deixou chocado o primeiro escalão do governo do presidente Fernando Henrique Cardoso.

Embora tivesse uma pequena chamada na primeira página, sem fotos, a reportagem foi a que mais repercutiu na edição e foi a mais comentada de toda a semana, ganhando destaque na revista *Veja* e em outras publicações nacionais. A indignação levou entidades de direitos humanos a pressionarem o então governador do Amazonas, Amazonino Mendes, a combater a prostituição infantil no estado.

"Confesso que estou chocado e até chorei ao ler a reportagem. Parece que o que está acontecendo em Manaus é uma coisa corriqueira, que todo mundo acha normal, e isso para mim é o mais grave", afirmou o secretário nacional dos Direitos Humanos, José Gregori[9].

De início, Amazonino limitou-se a solicitar à Corregedoria da Polícia Civil a abertura de inquérito para apurar a participação de policiais no episódio. Além das denúncias de prostituição infantil, o governador tinha outra pedra em seu sapato: o secretário de Segurança, Klinger Costa, que acumulava o cargo de secretário da Justiça.

Centro de tortura na Secretaria de Segurança

Em um dossiê recheado de documentos entregues pessoalmente a Amazonino pelo deputado Hélio Bicudo (PT), da Comissão de Direitos Humanos da Câmara dos Deputados, e pelo subprocurador-geral da República de Direitos Humanos, Wagner Gonçalves, Klinger era acusado de montar uma polícia paralela e uma sala de tortura dentro da sede da Secretaria de Segurança Pública. As vítimas eram os credores de uma firma de cobrança de dívidas do próprio Klinger.

"O Amazonino havia prometido demiti-lo, o que não aconteceu", acusou Gonçalves.

"Não foi bem assim. Eu li o relatório, ainda que não em todos os detalhes. Mas o Ministério Público já tinha apurado duas vezes e não concluiu nada. Depois veio a comissão presidida pelo deputado Hélio Bicudo, do PT, que me disse: 'Eu tenho coisas cabeludíssimas'. Eu respondi: 'Se o senhor tem coisas cabeludíssimas, eu demito o secretário'", afirmou Amazonino.

Ao responder à pergunta "Então por que o senhor não o demitiu?", Amazonino disse: "Eu tenho que me ater à Justiça. Eu estudei o caso e não vi nada que me obrigasse a fazer uma execração do secretário".

---

9 Formado pela Faculdade de Direito da USP, o jurista José Gregori foi secretário nacional de Direitos Humanos e ministro da Justiça no governo do presidente Fernando Henrique. Foi um dos idealizadores da chamada Comissão Especial sobre Mortos e Desaparecidos Políticos, que pagou indenização aos parentes de mortos e desaparecidos no regime militar.

As histórias de Klinger, um advogado que ganhou fama e inimigos ao comandar batidas policiais pessoalmente, eram contadas por todos os cantos da cidade. Usando sempre um colete à prova de balas, Klinger não poupava tapas em menores e outras pessoas. Das bofetadas do "xerife", não escapavam nem os filhos de juízes e de outras autoridades que se aventurassem a contrariar o poderoso homem da lei.

Toda a truculência do secretário e de seus comandados eu senti na própria pele ao retornar a Manaus na companhia do fotógrafo Luiz Carlos Santos, o Luizão, para repercutir a reportagem, que, àquela altura, já ganhara destaque em veículos do estado e do país.

De volta à cidade numa terça-feira, dois dias após a reportagem ter sido publicada, a direção tomada foi a da sede da Corregedoria de Polícia, onde ocorria uma entrevista coletiva. A alta cúpula da Polícia Civil foi dura. O delegado-geral, Petrônio Carvalho, nos ameaçou de prisão porque nos recusávamos a participar de uma acareação para identificar as fotos dos policiais envolvidos. Já tínhamos sido convidados para uma conversa na sala do corregedor Luiz Furtado. O corregedor insistia que eu desse um depoimento na presença de toda a cúpula da polícia. Ao ser informado de que a direção do jornal tinha de ser consultada antes, Furtado tentou formalizar essa declaração em um documento escrito. Nesse instante, um policial nos abordou, exigindo a identificação da delegada Vilma Santiago entre a centena de fotos. Diante da nova recusa, saímos da sala sob o argumento de que estávamos sendo acuados, quando o delegado Petrônio, aos gritos, nos ameaçou de prisão.

Desde o início da entrevista coletiva, estava claro que a alta cúpula tinha montado um circo para livrar a cara dos policiais acusados.

"Não vou aceitar pressão para acusar nenhum policial", disse o corregedor.

Também ficou evidente que a polícia havia dado um jeito de limpar a área. O corretor Benício dos Santos, um dos protagonistas da reportagem, e o executivo Passarelli, que se autointitulava "Vagineiro", desapareceram e nem sequer foram procurados para prestar depoimento. As roletas, assim como Benício e Passarelli, sumiram das boates-cassino, que passaram a proibir a entrada de menores.

Toda essa armação, denunciada pela imprensa, só fez aumentar as pressões que vinham de todo lado (Comissão de Direitos Humanos da Câmara, Procuradoria-Geral da República e organizações não governamentais) sobre o governador. A pedido do ministro da Justiça, Nelson Jobim, a Procuradoria-Geral da República e a Polícia Federal abriram inquéritos para investigar as denúncias. Além disso, o Conselho de Defesa dos Direitos da Pessoa Humana (CDDPH), do Ministério da Justiça, criou uma comissão para acompanhar de perto a apuração e exigir providências do governo amazonense. O ministro Jobim mandou uma carta ao governador exigindo a apuração dos fatos. O ministro decidiu, ainda, enviar a Manaus a diretora do Departamento da Criança e do Adolescente, Sônia Portela, para rediscutir os convênios com o estado voltados para ações de defesa da criança e do adolescente.

Crianças e adolescentes amarrados como escravos

O anúncio da viagem de Portela a Manaus levou a cúpula da polícia local a dar um novo vexame, na tentativa de convencer o governo federal de que o problema não existia na cidade. A ação foi planejada no gabinete de Klinger, que determinou à polícia que recolhesse todos os menores da rua e da praça, encaminhando-os a centros de triagem. O plano de Klinger teria dado certo se, poucas horas antes de Portela ter desembarcado, um repórter fotográfico do jornal *A Crítica*, Antônio Meneses, não tivesse flagrado a batida policial de retirada de crianças e adolescentes. O resultado não poderia ter sido mais humilhante para as vítimas da batida. Escoltados por policiais, 22 crianças e adolescentes perfilados, meninas e meninos negros, em sua maioria, amarrados uns aos outros pelas próprias roupas, ficaram expostos aos olhares dos comerciantes e moradores das avenidas Sete de Setembro e Eduardo Ribeiro, no Centro, até serem jogados, como escravos ou bandidos, em carros da polícia.

"Essas crianças foram transportadas como animais", comentou o comerciante Odacy Brandão.

Diante da avalanche de críticas, que ganhou eco depois que o jornalista Elio Gaspari publicou a foto das crianças amarradas em sua coluna dominical em *O Globo* e na *Folha de S.Paulo*, o governador Amazonino resolveu nomear o advogado Félix Valois para o cargo de secretário de Justiça e Cidadania. O anúncio foi feito durante entrevista que me foi concedida. O governador solicitou que Valois elaborasse um amplo projeto de resgate da cidadania que ampliasse a ação do Estado na defesa dos direitos humanos e desse prioridade a projetos que adotassem soluções para a questão do menor abandonado. Mas as batidas policiais continuavam sob o comando de Klinger. O "xerife" não demorou a inventar, segundo o procurador de Justiça Carlos Coelho, uma nova maquiagem para esconder a prostituição dos representantes do Ministério da Justiça.

"As batidas são anunciadas previamente na televisão e nas rádios. É claro que, quando os policiais do secretário Klinger Costa chegam lá, as crianças já foram embora", denunciou Coelho.

Ao tomar conhecimento da manobra, resolvi adotar nova estratégia. Depois de investigar os pontos de prostituição infantil, eu informava ao secretário Klinger e seus policiais que a reportagem seria publicada no dia seguinte. Isso obrigava o secretário a efetuar batidas e fechar boates. O plano, no início, deu certo. Seguindo os rastros, a polícia fechou, por exemplo, sob o comando de Klinger, a boate Lili Machuda, no bairro São Jorge, um dos mais movimentados e violentos da cidade.

A operação foi comandada pelo próprio Klinger e teve a presença da delegada de Menores, Graça da Silva. Apesar do pouco movimento, a polícia encontrou duas meninas de 14 anos. A dona da boate, Lili, afirmou não saber que elas eram menores de idade. Klinger cassou a licença do local e limitou-se a intimar a proprietária a prestar depoimento.

"Daqui para a frente vai ser assim. Casas de prostituição infantil fechadas e os responsáveis responderão a processo", esbravejou o secretário.

Mas a cabeça do "xerife" já matutava outro plano para desqualificar a reportagem: forjar um flagrante dos jornalistas com menores de idade.

A armação já tinha local e horário certos: na manhã de sábado, num porto de transporte de Manaus, onde eu e o repórter fotográfico Luizão planejávamos produzir uma reportagem com meninos que estavam sendo cooptados para a prostituição.

Nós dois nos sentamos à mesa de um bar e imediatamente uma adolescente, loira, olhos claros e toda produzida, se aproximou e foi direto ao assunto: "Estou encantada, bonitão, quer companhia?".

Desconfiado, pedi o documento da menina, enquanto dois homens (certamente policiais à paisana) rondavam a área com uma máquina fotográfica e uma filmadora. Sem apresentar nenhum documento, a adolescente, cujos traços físicos mais se assemelhavam aos de meninas do Sul, me convidou para sair. Diante da recusa, a adolescente tentou me dar um beijo, mas eu a impedi, afastando-a com o braço.

"Golpe baixo e muito burro da polícia!", gritei, ao abandonar o local.

A partir desse momento, nossa vida virou um inferno. O telefone do hotel não parava de tocar, e éramos seguidos por toda parte. Em caso de emergência, só podíamos contar com o superintendente da Polícia Federal, delegado Mauro Spósito, que acompanhava toda a movimentação[10].

Já haviam se passado quinze dias desde o retorno a Manaus. O estresse era incontrolável. Mas as reportagens continuavam rendendo, o assunto permanecia quente. Foi aí que tive a ideia de sugerir ao jornal uma viagem para Belém (onde eram frequentes as denúncias sobre prostituição infantil) para darmos sequência à série de reportagens. Eu e Luizão só nos sentimos aliviados quando chegamos ao aeroporto.

"Eu nunca vou me esquecer desse Klinger. Se fazem isso com a gente, imagine com as meninas e os pobres. Aqui, só os bandidos poderosos podem falar", desabafou Luizão, autor da foto principal da reportagem, que foi finalista do Prêmio Esso de Fotografia.

Policiais continuam no poder

Como já era esperado, nenhum policial envolvido com a prostituição infantojuvenil foi punido. Pelo contrário – apesar de terem sido acusados de proteger os donos das chamadas "Disneylândias do Sexo", posteriormente foram acusados de outros crimes, ainda mais cabeludos, entre eles, tentativa de homicídio. Isso não os impediu de continuarem em seus cargos e até mesmo de serem promovidos de 1999 para cá.

---

10 Ex-superintendente da Polícia Federal no Amazonas, o delegado Mauro Spósito tornou-se um ícone no combate ao tráfico de drogas e ao crime organizado nas regiões de fronteira do país.

Klinger continuou a ser o eterno secretário de Segurança Pública e a ocupar cargos até morrer, de câncer. Antes de falecer, envolveu-se em um amontoado de confusões.

Em muitos aspectos, Klinger se assemelhava aos xerifes de faroeste americano que comandavam cidades de acordo com suas próprias leis. Apesar de ser formado em Direito, Klinger exercia o cargo com medidas que só favoreciam a si mesmo e a seus amigos.

Klinger só tinha em seu encalço a Comissão de Direitos Humanos da Câmara Federal e o Ministério Público Federal. Em 16 de maio de 2001, o procurador da República no Amazonas Osório Barbosa, em relatório encaminhado à Procuradoria-Geral da República (PGR), enumerou uma série de atos violentos praticados por Klinger desde a época da ditadura militar (1964-1985).

"O secretário tem um passado voltado para o cometimento de crimes que infringem as mais elementares normas de proteção aos direitos humanos", diz o relatório.

Ainda de acordo com o documento, Klinger, logo após o golpe militar, em 1964, teria sido demitido da Escola Estadual Solon de Lucena, onde lecionava, sob a acusação de ter torturado um aluno. A demissão foi publicada no Diário Oficial do Estado em 6 de outubro de 1964. "Se como professor já era violento, imagine em um cargo que dá vazão a seus instintos bestiais", afirmou o procurador Osório.

Dos atos de violência praticados por Klinger não escapavam nem mesmo agentes federais. Uma denúncia protocolada na Justiça pela Federação Nacional dos Policiais Federais (Fenapef) o acusou de ter prendido e torturado um agente em 1998, durante operação comandada pelo próprio Klinger. O agente teria sido abordado pelo secretário, que vestia um colete da Polícia Civil, quando tomava cerveja com amigos num bar. Apesar de ter apresentado sua credencial da PF, o agente foi levado para uma delegacia. Lá teria sido torturado (inclusive com choques) pelo próprio Klinger, porque teria questionado os métodos utilizados pelo secretário durante a abordagem policial.

O relatório sobre a conduta de Klinger também cita o espancamento de presos com taco de beisebol e o assassinato do adolescente Ítalo

José Campos, de 16 anos. Preso, torturado e morto, o adolescente teria denunciado a equipe de Klinger ao Juizado de Menores e ao Ministério Público.

Absolvidos pela Corregedoria de Polícia da acusação de fazerem vista grossa à exploração sexual de crianças e adolescentes, policiais de Manaus citados na reportagem sobre as "Disneylândias do Sexo" não demoraram a voltar às páginas dos jornais. O delegado Mariolino Brito foi preso em 1998 pela Polícia Federal sob a acusação de comandar um grupo de policiais denominado Comando de Operações Especiais (COE). O grupo foi denunciado pelo Ministério Público por tortura, receptação de carga desviada e tentativa de homicídio. De acordo com o Ministério Público Federal, Mariolino e outros policiais civis, também presos pela PF, cobravam propina ao investigar verbas desviadas da Empresa de Correios e Telégrafos (ECT) no Amazonas.

Em uma escuta telefônica realizada pela PF com autorização da Justiça, Mariolino foi flagrado quando mandava policiais assassinarem o funcionário dos Correios Gilmar Marques de Souza, suposto mentor das fraudes. Preso pelos policiais numa rodovia próxima a Manaus, Souza recebeu seis tiros dos policiais, mas sobreviveu, tornando-se testemunha de acusação.

O delegado respondia ainda a processo por tentativa de extorsão contra um empresário de Manaus. De acordo com denúncia do Ministério Público, o delegado teria sido contratado para exigir o pagamento da dívida do empresário, que foi preso e obrigado a entregar o carro para quitar o débito. Por essa acusação, o delegado se tornou réu no processo em que é acusado de concussão (extorsão praticada por funcionário público), mas o julgamento já foi adiado três vezes.

Em vez de receber punição, o delegado Mariolino foi promovido. Até setembro de 2018, ele ocupou o cargo de diretor-geral da Polícia Civil (nomeado por Amazonino Mendes, do PDT, que tinha voltado ao governo).

Conhecido como "He-Man", o delegado José Cavalcante Filho também foi preso pela Polícia Federal, sob a acusação de integrar uma quadrilha internacional de tráfico de drogas, receptação de cargas e veículos clonados e lavagem de dinheiro. Durante a operação, denominada Águia, outros 13 policiais e 12 traficantes foram presos. De acordo com as investigações, a organização agia em Manaus, em Tabatinga (na divisa do Brasil com a Colômbia) e em São Paulo.

Em 5 de janeiro de 2010, Cavalcante foi demitido pelo governador Eduardo Braga (PMDB), mas foi reintegrado ao cargo por decisão do juiz da 2ª Vara Fazendária do Amazonas, Leoney Figliuolo Harraquian.

Implacável na luta contra a corrupção e no combate ao crime, o procurador Carlos Coelho, que me ajudou nessa e em outras reportagens, em 2020 continuava na ativa, inspirando gerações de membros do Ministério Público.

Ao retornar a Manaus, pelo menos por três vezes, tentei localizar sem sucesso as meninas citadas na reportagem sobre as "Disneylândias do Sexo". Segundo as vizinhos, pelo menos uma das personagens teria conseguido largar a vida difícil nas ruas e boates de Manaus: L., a menina de 13 anos que morava no bairro Colorado e tinha um ratinho de estimação. Ela teria se casado e se mudado para o interior do estado. Sem a colaboração dela e de outras meninas, que não hesitaram em denunciar seus malfeitores, a reportagem que deu início a esta obra simplesmente não teria sido concluída.

CAPÍTULO 6

Juiz que se dizia protetor das crianças é condenado a vinte anos de prisão por estupro de vulnerável

Ex-juiz foi denunciado pelo Ministério Público sob a acusação de ter molestado a neta de 8 anos

De estilingue a vidraça. Assim pode ser resumida a trajetória do desembargador aposentado Rafael de Araújo Romano, 73 anos. Em 1997, quando era o juiz titular da Vara Especializada em Crimes Contra a Dignidade Sexual de Crianças e Adolescentes, Romano limitou o funcionamento de cassinos (proibido por lei federal) a uma distância de mais de 200 metros da praça. "Minha preocupação é com as meninas, já que as roletas estão por todos os lados", afirmou ele na ocasião.

Para o juiz, a prostituição infantil era motivada pela omissão da polícia e do governo.

"A prostituição está em todo lado, todo mundo vê, todo mundo sabe e ninguém faz nada", afirmou.

O juiz disse que os casos envolvendo policiais acabavam não sendo apurados devido ao corporativismo, que sentia com maior intensidade quando comandava batidas nas boates.

"Quando a gente pega um policial com uma menina, ele não fica preocupado em ser preso. A sua maior preocupação é não deixar de passar a noite com ela, já que nesse momento já gastou certo dinheiro com cerveja na boate."

Para Romano, órgãos governamentais e não governamentais que se dizem preocupados com a questão do menor nunca tomam medidas práticas para resolver o problema. "Devem existir no máximo quatrocentas meninas se prostituindo. Então o problema não é tão difícil de ser resolvido. O problema é que essas entidades só sabem ficar fazendo estatísticas e se esquecem de medidas práticas", afirmou.

Quem ouvisse o discurso do juiz jamais poderia imaginar que, vinte anos depois, ele teria sua biografia manchada por uma decisão da Justiça. No dia 8 de junho de 2020, quando este livro estava sendo finalizado, o juiz Ian Andrezzo Dutra, da 1ª Vara Especializada em Crimes contra a Dignidade Sexual das Crianças e dos Adolescentes de Manaus, condenou o magistrado a 47 anos de prisão por estupro de vulnerável. Segundo o Ministério Público, Romano teria abusado sexualmente da própria neta quando ela tinha 8 anos de idade. Os abusos foram denunciados ao MP em 2018 e nas redes sociais pela mãe da menina, a advogada Luciana Pires, ex-nora do juiz.

"Quase desmaiei ao saber da história. Tinha meu ex-sogro como um pai. Nunca poderia imaginar que aquele homem, com discurso voltado para a família, não passava de um monstro horrível, que se comportava na sociedade como guardião dos bons costumes e das crianças", disse a advogada.

Luciana conta que sua filha, hoje com 18 anos, foi molestada pelo avô dos 7 aos 14 anos. Os abusos teriam começado em um fim de semana, quando a advogada teve de viajar para São Paulo para acompanhar a mãe num tratamento médico, e a menina e o irmão ficaram na casa dos avós. A advogada acusa a sogra de ter encoberto os atos do marido desembargador. Na época, Luciana já havia se divorciado do marido. "Eu deixava meus dois filhos com o pai, que os entregava para os avós." Em um dia em que foi buscar os filhos, a advogada chegou a suspeitar de Romano ao vê-lo sair de maneira estranha do quarto onde a neta dormia. "Na ocasião, por sentir vergonha de ter sido violentada, minha filha negou. Só se abriu comigo quando tinha 16 anos", explicou.

Logo após ouvir o relato da filha, a advogada deu início a uma campanha, que incluía passeatas e denúncias nas redes sociais. Ela relata que o pai da menina, ao ouvir a denúncia da própria filha, ficou revoltado. "Depois se aliou ao pai pedófilo e nunca mais procurou os filhos, dizendo que tudo era mentira."

Ao tomar conhecimento da decisão da Justiça, a advogada disse que se sentiu compensada por sua luta para incriminar o juiz. "Finalmente, a justiça foi feita. Isso prova que minha filha, que sofreu os maiores traumas, sempre disse a verdade." Pires afirma que a filha está bem, mas que até hoje luta para superar os traumas. "Ela é acompanhada por psicólogos e psiquiatras e toma remédios contra a depressão."

O trauma da menina levou a advogada a se mudar de Manaus para Fortaleza com os dois filhos. Carregando até hoje a bandeira da luta contra a pedofilia, a advogada deixa um recado para outras mães que enfrentaram o problema. "Não tem de ter vergonha. Tem de denunciar. E ficar muito atenta. Meu caso mostra que o pedófilo pode estar muito mais perto do que se pode imaginar."

Romano, que sempre negou as acusações, recorreu da decisão do juiz. Enquanto aguarda o desfecho do caso em liberdade, o desembargador é alvo de uma nova investigação na polícia e no Ministério Público. Ele é acusado de molestar a ex-babá da filha quando a vítima tinha 14 anos de idade. A denúncia foi feita pela própria vítima, hoje com 30 anos. Ele também nega essa acusação e lembra que o crime já está prescrito.

Romano foi condenado, ainda, a pagar à vítima uma multa indenizatória de R$ 100 mil e teve sua aposentadoria cassada pelo Tribunal de Justiça.

Quando não era alvo de denúncias, Romano foi relator, no TJAM, da Operação Estocolmo, deflagrada em 2012 para combater um esquema de exploração sexual infantil no Amazonas. O processo, que tramita em segredo no Tribunal de Justiça do Amazonas, envolve poderosos pedófilos do estado – políticos, empresários e homens públicos.

CAPÍTULO 7

Belém, o paraíso dos pedófilos estrangeiros

Os estrangeiros eram, no final da década de 1990, os principais clientes da rede de pedofilia no Pará. Nos anos 2010, a prostituição infantojuvenil foi impulsionada por obras mirabolantes no sul do estado

Ano de 1997. Sob forte pressão em Manaus, eu e o fotógrafo Luiz Carlos Santos seguimos para o Pará, conhecido nacionalmente como um dos principais polos de prostituição infantil do país. Repetimos a estratégia que havíamos usado na capital do Amazonas: nos infiltramos em boates e bares disfarçados de turistas.

Por sorte, pude contar desde o início com a colaboração de um taxista que conhecia os principais antros de prostituição infantil e algumas meninas da noite.

Foi por intermédio do motorista, que se transformou numa espécie de guia da reportagem, que cheguei a S.H., de 13 anos, M., de 14 anos, e S.G., também de 14 anos, obrigadas pelos próprios pais a ganhar a vida nas ruas de Belém.

Marcadas por cicatrizes, hematomas e outros sinais de violência pelo corpo, as três adolescentes tinham uma história de vida em comum: saíram da escola antes de completar o Ensino Fundamental, pouco brincaram na infância e tiveram a virgindade vendida pelos próprios pais.

"Só me lembro de brincar de boneca quando tinha 9 anos", disse S.G.

"Os hematomas foram provocados pelo meu próprio pai, que só quer dinheiro, e as cicatrizes, por clientes violentos", afirmou S.H.

Ao contrário do que ocorreu em Manaus, não pude visitar as casas delas na periferia de Belém. As meninas alertaram que seus pais eram muito violentos.

"Se meu pai, envolvido com tráfico e todo tipo de crime, descobre que você é jornalista, não vai hesitar em mandar um noiado (viciado em crack) te matar em troca de umas pedras", alertou S.H.

Mesmo assim, foi possível acompanhar a rotina que as adolescentes cumpriam à risca todos os dias.

Depois de uma noite maldormida numa palafita no bairro Terra Firme, elas se vestiam com shorts curtos e blusas decotadas – confeccionados pelas mães – e saíam para mais um difícil dia de batalha pelo Centro de Belém.

A peregrinação começava por volta das 17 horas, na Rua 1º de Março, onde cheiravam cola de sapateiro e fumavam cigarro à base de pasta de cocaína. Encorajadas pela droga, as três meninas percorriam a Praça da República, seguiam até a escadinha do porto para se certificar da chegada de navios estrangeiros e retornavam para o cruzamento da 1º de Março com a Riachuelo, onde, no bar Latino Club, quase sempre conseguiam levantar o dinheiro que garantia o sustento das famílias e a compra da droga consumida diariamente.

Visto por fora, o Latino Club se parecia com as outras boates, bares e hotéis do baixo meretrício. Uma placa, que anunciava a proibição de entrada de menores de 18 anos, camuflava uma realidade que era facilmente desvendada tão logo a porta e o vigia eram ultrapassados.

A decoração era pobre, as paredes, descascadas, o chão e os móveis, empoeirados.

Do lado de dentro, o português se tornava uma língua morta; o real, uma moeda em desuso. Bandeirolas de vários países ficavam dispostas perto do balcão para agradar ao público da casa: empresários, turistas e marinheiros de diversas nacionalidades, que iam à boate com um único objetivo: levar, para um dos hotéis ou para navios atracados no porto, meninas a partir de 9 anos, que vendem o corpo por US$ 30.

O paraíso sexual do mundo

Eram quase 2 horas da madrugada de 2 de abril de 1997. Tão logo entrou no Latino Club, S.H. foi abordada pelo marinheiro queniano Albamar Omar, que, depois de oferecer uma bebida, fez uma proposta derradeira: US$ 50 por uma noite em um dos hotéis. As duas colegas de S.H. entraram na pista para dançar e rapidamente se entrosaram com dois franceses, que, a exemplo de Omar, não se cansavam de elogiar as meninas de Belém.

"Belém é o paraíso sexual do mundo. Você consegue menina com a idade que você quiser e na hora que quiser", exaltava Omar.

Enquanto seus clientes se divertiam, um francês de Marselha, Joel Canivé, contava as notas de dólares e francos e não se cansava de destacar os resultados positivos da boate, que ele adquirira de um grupo de franceses.

"Aqui dá todo tipo de estrangeiro, porque tem todo tipo de menina. Recebo desde marinheiros comuns até executivos. Agora mesmo eu atendi um advogado holandês, que está defendendo um grupo de brasileiros preso na Europa com um quilo de cocaína", afirmou Joel.

Casas como a de Joel dominavam o Centro da cidade. Entusiasmados pela grande quantidade de meninas abandonadas pelas ruas e pelas brandas punições aplicadas pela Justiça a infratores que abusavam de menores de idade, estrangeiros estavam deixando a condição de simples fregueses para se tornarem exploradores da prostituição infantil. Demonstrando não ter receio de falar sobre sua passagem pelo Nordeste, onde também explorava meninas, Joel explicou o sucesso da boate: "Por eu falar inglês e francês, os turistas acabam procurando minha casa, onde não falta menina nova".

Três horas depois, o clima não era diferente no bar Miralha, na Avenida Visconde de Souza Franco, na região portuária.

Comprado por um grupo de japoneses, apresentava uma aparência mais limpa que a de outros pontos de exploração infantil no Centro. Um turista desavisado, à primeira vista, poderia imaginar que o Miralha era um dos bares destinados a executivos, quase sempre bem-vestidos, e jovens da cidade. Essa impressão se dissipava quando se ouvia a voz dos frequentadores que focavam as principais estrelas do Miralha: meninas pobres que se produziam com suas roupas simples na esperança de levar dinheiro em moeda estrangeira para casa. Diferentemente do Latino, no Miralha o alemão era a língua dominante.

S.O., de 14 anos, deportada quando tentava entrar ilegalmente na Holanda em 1996, disse que o Miralha recebia muitos estrangeiros bem-sucedidos. "Ao contrário dos outros pontos de encontro, as meninas daqui não usam drogas, o que desperta o interesse de fregueses mais sofisticados", contou S.O., que, diferentemente das que ganhavam a vida nas ruas, não tinha tatuagens nos braços nem na barriga.

Indícios sobre tráfico de meninas nos levaram até o Milano e o Park, nas proximidades da Praça da República. Sob o comando de Paulo, um português que comprara a boate de um grupo de franceses, o Milano era frequentado por turistas da Guiana Francesa. Ao lado funcionava um hotel com o mesmo nome, para onde os clientes levavam as meninas de programa.

"A maioria dos estrangeiros vem a Belém por um único motivo: a fartura de meninas", disse o exportador de madeiras italiano Franco Tolle, que havia se instalado na capital do Pará havia dez anos.

"O pessoal da Guiana acaba sempre aparecendo aqui no Milano, porque tem tradição francesa", acrescentou.

Francês oferece passagens para levar meninas à Holanda

Em frente ao Milano, no Park, uma das poucas casas de prostituição infantil frequentadas por estrangeiros sob a gerência de brasileiros, descobrimos a existência de Philippe, um francês gordo, amigo de Joel, do Latino, que oferecia documentos falsos para levar meninas para a Holanda.

A ligação entre Joel e Philippe foi confirmada por Mike Bentó, ex-segurança do Cassino Bar, um senegalês que veio para o Brasil clandestinamente no porão de um navio para fugir da guerra em seu país.

"Há uma relação entre Joel, Philippe e outros estrangeiros que exploram as meninas. O Joel tem ficha suja: roubava carros na França e veio foragido para o Nordeste", contou.

O guia José Ramos disse que, além de Philippe, dois franceses, identificados como Bertrand e Patrice, vinham com frequência da Guiana Francesa à procura de meninas para transações internacionais.

O rufião Roberto de Jesus, dono do Hotel Cascatinha, na 1º de Março, se propôs a nos ajudar a encontrar e desmascarar Philippe. "Ele está na cidade. Ficou primeiro no Garrincha e agora está no Milano. Ele vive me procurando para arrumar menores", afirmou.

A armação – era tudo armação

Viciado em pasta de cocaína, que consumia diariamente através de um copo de água mineral com dois buracos, Roberto era uma espécie de xerife na 1º de Março, de onde as meninas mais antigas foram expulsas pelas adolescentes, que se tornavam violentas quando cheiravam cola de sapateiro. Por oferecer droga e abrigo às prostitutas, Roberto conseguia a confiança delas.

O rufião marcou encontro no Cascatinha, um boteco que mais se assemelhava a um cortiço, para acertar os detalhes do encontro com Philippe, mas não apareceu. Em seu lugar, estava uma prostituta de 23 anos, que dizia ter recebido ordem do rufião para nos contar que Philippe havia fugido para a França. Dizendo-se explorada pelo rufião, a prostituta chorava e tremia muito. Estava com os braços machucados e afirmou que havia acabado de levar uma surra de Roberto.

"Ele está usando vocês para tirar dinheiro de Philippe, que já está se preparando para deixar o país. Acho que a turma deles está armando contra vocês", afirmou a prostituta, acrescentando que havia apanhado por ter se recusado a mentir para nós.

Ela deu o depoimento na condição de os jornalistas fingirem ter acreditado na história. A prostituta afirmou que resolveu denunciar o rufião na esperança de se livrar dele. Segundo ela, Roberto viciara em drogas duas de suas irmãs menores. Entramos em contato com o superintendente da PF em Belém, Raimundo Batista, que acabara de receber um fax da Procuradoria da República para apurar a prostituição infantil na cidade. O delegado informou que legalmente não tinha como evitar a fuga do francês, mas que tentaria um flagrante.

Quadrilha internacional é presa, mas francês consegue fugir

Uma semana depois de O Globo publicar a reportagem sobre a prostituição em Belém, a Polícia Civil prendeu, além do rufião Roberto, cinco estrangeiros (três franceses, um italiano e um belga) acusados de pertencer a uma quadrilha internacional de tráfico de meninas para o exterior.

O delegado Éder Mauro, cabeça da operação, informou que as meninas eram drogadas por aliciadores brasileiros e entregues a exploradores estrangeiros. De acordo com o delegado, os destinos das meninas eram a Guiana e o Suriname.

"Embora os estrangeiros, em depoimento, afirmem ter outras atividades no país, como, por exemplo, o ramo de exportação, não resta dúvida de que vinham ao Brasil à procura de meninas", disse Éder Mauro.

O delegado confirmou que o chefe da quadrilha, o francês Philippe, tinha conseguido fugir do país. A fuga ocorreu em abril, dois dias depois de termos comunicado o fato à PF.

A operação da Polícia Civil, que envolveu agentes das delegacias de Entorpecentes, de Menores e Administrativa, resultou na retirada das ruas de 17 meninas de 7 a 17 anos. Foram fechadas as boates Miralha, o bar do Park, o Milano e o motel Cascatinha. Entre os presos, estavam os franceses Joel Jean Canivé (dono do Latino), Fabrice Morreau e Pascoal Joel Trade, o belga Jean Clement Bosmam e o italiano Franco Tryle. Eles foram encaminhados à PF para depoimento.

"Inicialmente, queremos saber se eles estão em situação legal no país. Somente depois trataremos da questão do tráfico", afirmou por telefone o superintendente da PF, delegado Raimundo Batista.

As prisões tiveram repercussão em Brasília, onde o então diretor-geral da PF, Vicente Chelloti, informou, por meio de sua assessoria de imprensa, que a Interpol (polícia internacional) já estava à procura do francês Philippe em países da Europa.

"Se forem encontradas na Europa, as meninas serão repatriadas para o Brasil", disse o diretor-geral.

Apesar de todo o esforço, o francês nunca foi encontrado. Os demais acabaram sendo soltos, porque, segundo a PF, a polícia do estado não teve o cuidado de conduzir as prisões em flagrante.

Nos portos do Pará, a morte por um punhado de dólares

Por orientação de nosso motorista, um verdadeiro guia, seguimos para a Vila do Conde, no município de Barcarena, a 100 quilômetros de Belém, que havia se transformado num foco de exploração sexual de meninas e adolescentes do Pará. Meninas de Belém e da região frequentavam o local atraídas pelo dólar e outras moedas estrangeiras trazidas por marinheiros cujos navios atracavam no local.

Muitas das aventuras com marinheiros acabavam em violência e até em morte de meninas. Ao chegarmos à Vila do Conde, eu e o fotógrafo encontramos um povoado ainda abalado com a morte da adolescente S., de 15 anos. Amigos e parentes se lembravam da ensolarada tarde de 28 de janeiro de 1997, quando o corpo dela foi encontrado na Baía de Marajó por um pescador. Cerca de 2 mil pessoas aguardaram a chegada do corpo ao porto. S. estava desaparecida desde a madrugada do dia 26, quando havia partido em um barco na companhia de seis colegas em busca de dólares dos 36 tripulantes de um navio turco atracado a seis quilômetros da Vila.

Como era costume, a visita transformara o navio, que prestava serviços à refinaria Alunorte, num salão de festas. Regada a bebida e droga, a festa, diferentemente de outras noites, terminaria de forma trágica. Embriagado, um marinheiro, identificado apenas como Adams, começou a discutir com a adolescente em sua cabine, acusando-a de ter transmitido a ele uma doença venérea. Segundo E., uma das meninas que se encontravam no navio, S. conseguiu fugir até a proa, mas acabou estrangulada por Adams. Após certificar-se da morte de S., o marinheiro jogou o corpo da adolescente no rio, na tentativa de simular um suicídio.

"Ficamos totalmente chocadas com a história inventada pelo marinheiro de que a adolescente havia se suicidado. Nunca acreditamos nessa história", lembrou E., que disse ter sido vítima de violência praticada por marinheiros.

A versão de suicídio foi derrubada pela perícia, que constatou que a adolescente havia sido morta por estrangulamento. O delegado da Vila do Conde, José Dias de Moura, contou que as meninas haviam sido orientadas pelo comandante a contar a versão de suicídio. "Mas algumas delas acabaram dizendo a verdade", afirmou o delegado.

Mãe de um menino de 1 ano, a adolescente assassinada ganhava a vida na boate The Sol, que tem como clientes marinheiros que prestavam serviços às mineradoras Albras, Alunorte e Rio Capim Caulim. As indústrias se instalaram em Barcarena na década de 1980, dando origem aos distritos da Vila do Conde, onde moram operários mais pobres, e da Vila dos Cabanos, que abriga principalmente executivos.

A exemplo da maioria das meninas, S. não conseguiu concretizar o sonho de guardar parte dos dólares que ganhava dos clientes. O dinheiro acabava sendo usado para manter o vício em cocaína e outras drogas. A morte de S. chocou os moradores, mas a comoção não ajudou a pôr fim à triste realidade de meninas e adolescentes que se tornam, algumas a partir dos 10 anos, dependentes de drogas.

Filhas de operários, as meninas da Vila são exploradas por traficantes e donos de boate desde cedo. Muitos deles, como ocorre em Belém, são estrangeiros.

"Aqui é impossível criar uma filha para a gente. Elas sempre acabam nas mãos de traficantes e exploradores", disse a funcionária de um restaurante, que pediu para não ser identificada.

Contando apenas com um escrivão e um motorista, ambos funcionários da prefeitura, o delegado explicou que a proliferação das drogas e da prostituição infantil transformou a Vila do Conde num vilarejo sem controle.

"Já cansei de pedir ajuda à Polícia Federal e reforço policial ao Estado e ninguém faz nada. Não sei como tudo isso vai acabar. Até mesmo os poucos PMs daqui se dizem incapazes de prender alguém", afirmou.

Na The Sol e na Las Marines, que oferecem shows de *striptease*, é permitida a entrada de menores. Numa sexta-feira, uma menina de 5 anos e um menino de 8 anos foram à The Sol à procura das mães. No restaurante Amarelinho, duas meninas faziam *striptease*.

Revoltado com a morte de S., com quem dividia um quarto na Pousada do Sol, o travesti M.R., de 24 anos, que ganhava a vida fazendo programas com marinheiros, denunciou o que chamava de "a máfia de exploração de menores". Segundo ele, os PMs da cidade eram coniventes com a exploração de meninas e o tráfico de drogas.

"A droga, vinda do Porto de Abaetetuba, é vendida como bombom, e os PMs recebem dinheiro de donos das boates e de traficantes. A droga está matando as crianças e ninguém faz nada", denunciou M.R.

O delegado informou que, antes de jogar o corpo no rio, o marinheiro retirou US$ 400 da calça da menina. Segundo ele, a PF não chegou sequer a intimar o marinheiro, que fugiu para o seu país. A mesma informação foi confirmada por A., de 15 anos, que trabalha em uma das boates: "O marinheiro confessou para mim ter assassinado S., quando fui procurá-lo no navio onde ocorreu o crime".

A menina sempre teve certeza de que a morte da amiga se transformaria num crime sem castigo: "Os amigos do Adams me disseram que ele voltou para a Turquia".

No garimpo, meninas presas por dívidas se tornam escravas

Da Vila do Conde segui até Itaituba, no sudoeste do Pará, onde a Polícia Federal já havia detectado áreas de prostituição nos garimpos clandestinos, no meio das florestas banhadas pelos rios da região. O acesso a esses garimpos, onde ocorre todo tipo de ilegalidade, só pode ser feito de barco. Depois de oito horas em uma voadeira subindo o Rio Tapajós, chega-se a uma das boates no vilarejo de Penedo, próximo ao garimpo de Bom Jardim.

Construídas com madeira, as instalações eram precárias. Os banheiros não tinham azulejos e as portas nem fechavam direito. Devido à longa distância, faltavam alimentos básicos, que, quando encontrados, eram comercializados a preços exorbitantes em vendas de lona, improvisadas às margens dos rios. Os enlatados de salsicha e sardinha estavam entre as poucas opções oferecidas.

Foi nessa boate que conheci a história de A., de 13 anos. Cansada de trabalhar catorze horas por dia numa lanchonete em Itaituba, A. partira havia três meses num barco em direção ao garimpo na tentativa de se prostituir em troca de pepitas de ouro. Seu sonho não demorou a desmoronar – ela foi embora tão logo chegou ao vilarejo de Penedo. O emprego que lhe havia sido prometido em Itaituba não existia. Sem dinheiro para voltar para casa, a menina acabou sendo obrigada a trabalhar na boate do rufião José Pereira, o José do Cabaré, onde já moravam três adolescentes.

"Só depois de chegar aqui descobri que tinha caído numa fria. Nem comida direito aqui tem. Assim que pagar minha dívida, vou embora", contou a adolescente, que começou a se prostituir nas ruas de Itaituba quando tinha 11 anos.

A três horas de voadeira de Penedo estava a Vila Palhal, onde T., de 13 anos, vivia situação semelhante. Sem poder voltar para casa devido a uma falsa dívida que contraiu com a cafetina Dalva Pereira (já que o dinheiro dos programas não cobre seus gastos pessoais), T. era a única prostituta que continuava no vilarejo.

"Tinha outras três meninas, mas tive que dispensá-las porque apanhavam dos garimpeiros e estavam se recusando a fazer programas. Os garimpeiros vinham e quebravam tudo", contou a cafetina.

Presenciei casos como esses em mais de trinta garimpos da região de Itaituba. A crise, provocada pela escassez de ouro, estava causando uma debandada de adultos. Na boate, só restavam meninas, que continuavam presas por falsas dívidas que lhes eram atribuídas pelos donos das casas.

As meninas tinham uma vida difícil nos garimpos. Recebiam vários clientes na mesma noite e ainda eram obrigadas a arrumar a casa.

"Gostaria de ir embora, mas infelizmente não tenho dinheiro", lamentou N., de 14 anos. Ela trabalhava na Boate da Graça, na Villa João do Leite, distante dez horas de barco de Itaituba.

A exemplo das outras meninas que trabalhavam nas boates do garimpo, N. cobrava um grama de ouro por programa, que na época estava cotado a apenas R$ 10,00. Curiosamente, a crise do ouro fez o real quase desaparecer desses vilarejos. Para se ter uma ideia de como o ouro havia se tornado a moeda corrente, as boates eram equipadas com balanças de precisão.

O drama das meninas foi relatado também pelo pastor Edgar Henke, coordenador da casa Mão Cooperadora, que abriga ex-prostitutas. "Em todos os garimpos há meninas em condições de escravidão que não podem voltar para casa", afirmou.

Essa denúncia revela um problema que até hoje não foi resolvido. Em 1993, durante uma batida nas boates do garimpo, a Polícia Federal resgatou vinte meninas que viviam em situação de escravidão. Segundo a juíza de menores de Belém, Carmencin Marques Cavalcanti, a maior parte estava presa na boate Inferninho, no garimpo de Cuiú-Cuiú. "Haviam sido recrutadas em Santarém e em outras cidades, e, como não conseguiam pagar suas dívidas, viviam em regime de escravidão", afirmou a juíza.

A prostituição infantil estava longe de ser uma prática exclusiva dos garimpos. Na verdade, via-se espalhada por todo canto de Itaituba, inclusive no clube dos policiais militares.

"Quando a gente não consegue programa no bar Maracangalha, a gente vai para o Ardek (clube de lazer da PM)", contou L., de 12 anos.

No Pará, como diz uma amiga da adolescente morta no navio, a exploração sexual de meninas é um crime sem castigo. Só que, ao contrário do protagonista do clássico russo da literatura *Crime e castigo*, de Dostoiévski, os poderosos pedófilos dificilmente se arrependem de seus crimes.

Ano de 2019. Obras grandiosas facilitam a exploração e a escravidão de meninas

A cena se repete diariamente no início do anoitecer às margens do Rio Xingu, no município de Altamira, a cerca de 720 quilômetros ao sul de Belém. Um grupo de meninas e adolescentes ribeirinhas sai com suas rebecas (pequenas canoas com motor de baixa potência) em direção aos barcos maiores ancorados no meio do rio.

As meninas buscam dinheiro ou até mesmo vales-alimentação, que conseguem em troca de sexo com passageiros das embarcações. Os exploradores das meninas são, na maioria, funcionários do setor de manutenção da Usina Hidrelétrica de Belo Monte, que começou a ser construída em 2011 e foi concluída no final da década.

A exploração de crianças e adolescentes por grupos de aliciadores e por duas facções criminosas que disputam o comando do tráfico de drogas na região ganhou destaque entre os problemas sociais causados desde que trabalhadores e forasteiros começaram a superlotar o município, a partir do momento que se iniciou a construção da usina. Altamira, que tinha uma população de 10 mil habitantes em 2010, abrigava em torno de 100 mil pessoas nos anos finais da obra. A ocupação desordenada levou o município a bater sucessivos recordes nos índices de violência contra a mulher e no número de assassinatos. Essa violência ficou evidenciada em julho de 2019, durante uma rebelião no presídio do município, que resultou em 58 mortos. O massacre foi motivado por uma briga entre facções criminosas.

"Infelizmente, a chegada de forasteiros causou um crescimento desordenado, levando as meninas a se prostituírem e os meninos a trabalharem, não só como 'mulas', mas também como soldados (verdadeiros pistoleiros) do tráfico", afirmou Carlos Henrique Vieira, membro do Conselho Tutelar do município.

Atento à prostituição de crianças, Vieira disse que, após a construção da Belo Monte, uma nova obra mirabolante volta a assombrar as pessoas ligadas à proteção das crianças e dos adolescentes: a implantação de uma mineradora industrial às margens do Rio Xingu, no município de Senador José Porfírio, na região de Altamira. Controlada pela empresa canadense Belo Sun Mining, a mineradora já recebeu autorização da Secretaria de Meio Ambiente do Pará. Embora a obra esteja temporariamente embargada pela Justiça Federal, empreiteiros já começam a chegar à cidade, onde são vistos em bares da cidade ao lado de crianças e adolescentes.

Adolescentes escravizadas são resgatadas

As obras na região levam os integrantes do Conselho Tutelar do município a viver sob constante tensão. A conselheira Jucenilda Lima não se esquece de uma noite de quarta-feira de 2013, em que foi surpreendida por uma adolescente de 16 anos que dizia ter fugido de uma boate, denominada Xingu. Recrutada pela rede de aliciadores em Joaçaba (SC), a adolescente era mantida em regime de semiescravidão junto a outras vinte meninas, mulheres e um travesti. A boate funcionava ao lado do canteiro de obras Pimentel, o maior de todos da usina, no município vizinho de Vitória do Xingu, a cerca de 30 quilômetros de Altamira. Acionada pela conselheira, a Polícia Civil desencadeou uma operação para resgatar as adolescentes e mulheres, a maioria recrutada nos estados do Paraná, Santa Catarina e Rio Grande do Sul, com a promessa de ganhar até R$ 15 mil por mês. Os dois gerentes da boate foram presos em flagrante, mas o proprietário conseguiu fugir. A conselheira, que acompanhou a operação policial, disse ter ficado chocada com as instalações do local.

"As meninas eram mantidas presas em cubículos sem janelas e com as portas trancadas com cadeados, e, mesmo diante de um calor de 40 graus, o ar-condicionado era ligado apenas uma hora por dia", lembrou Carlos Henrique Vieira, do Conselho.

Jucenilda conta que para chegar à boate a polícia teve que passar por dentro do canteiro de obras, cujo acesso os administradores demoraram a liberar.

"Então, para mim, ficou claro que a boate estava instalada dentro do canteiro de obras", disse a conselheira.

Após serem resgatadas, as adolescentes contaram histórias dignas de um filme de terror ao Conselho Tutelar e à polícia. Recrutadas com a promessa de ganhar muito dinheiro, tão logo colocaram os pés na boate descobriram que haviam caído numa armadilha. A exemplo das meninas do garimpo de Itaituba, elas recebiam apenas duas refeições por dia e eram obrigadas a trabalhar de graça para pagar uma dívida em torno de R$ 15 mil, referente aos gastos de viagem.

Vivendo sob o regime de confinamento, as meninas só tinham permissão para ir até Altamira uma vez por semana, onde eram vigiadas de perto, o tempo todo, por seguranças da boate fortemente armados.

"As meninas viviam em regime de absoluto terror, já que o dono da boate ameaçava matar os parentes delas em caso de fuga", disse a conselheira. Em depoimento à polícia, as meninas disseram que a boate era frequentada em sua maioria por funcionários contratados para as obras da usina.

Trabalhando atualmente numa boate em Santa Catarina, uma das vítimas disse que ainda sente arrepios ao lembrar tudo que passou. Ela revelou que fora recrutada no Sul por uma cafetina que tinha sociedade com os donos de boates do Pará. "A gente fazia, às vezes, até seis programas por dia e nem recebia comida direito. Era só dívida, que não parava de crescer, porque tínhamos de comprar produtos de beleza e de higiene e umas roupas básicas. Tudo era anotado num caderninho", lembrou, pedindo para não ser identificada.

A carteira com as anotações da dívida das meninas foi apreendida pela polícia.

O impacto da Belo Monte no crescimento da prostituição infantojuvenil na região levou a Secretaria Nacional de Direitos Humanos a encomendar o estudo "Enfrentamento da Violência Sexual Contra Crianças e Adolescentes em Altamira". A pesquisa colheu dados no período de 2012 a 2014. Coordenado pelo pesquisador Assis da Costa Oliveira, da Universidade Federal do Pará (UFPA), o estudo concluiu que a maior parte dos clientes da rede de prostituição infantojuvenil trabalhava nas obras da usina. A maior prova disso, para o pesquisador, é a de que cartões-alimentação eram entregues pelos funcionários à rede de aliciadores de adolescentes e mulheres.

"Como o cartão era carregado mensalmente, esses funcionários trocavam os créditos por programas com adolescentes e meninas", afirmou o pesquisador.

O estudo apontou também que a rede estava sob o comando de grupos especializados em explorar o sexo em torno de grandes obras espalhadas pelo país. A exemplo dos donos da boate Xingu, esses rufiões já tinham sido presos em outros lugares onde obras eram realizadas.

"Os exploradores aproveitam a grande quantidade de forasteiros que chegam a esses canteiros de obras para abrir casas de prostituição", disse Oliveira.

Situação do mesmo modo dramática é vivida pelas meninas ribeirinhas do Pará, que, assim como as de Altamira, se deslocam pelo Rio Amazonas em pequenas canoas até os navios que fazem o trajeto Manaus-Macapá (AP). Com o pretexto de vender mandioca e outros alimentos, elas se aproximam dos navios, em que acabam se vendendo para sobreviver, em troca de uma nota de R$ 20,00 ou R$ 50,00. Muitas dessas meninas têm pouco mais de 10 anos.

Em 2012, presenciei uma dessas cenas quando me deslocava de navio de Belém para Macapá. Desnutrida, aparentando estar abaixo do peso, uma menina que parecia ter 12 anos se aproximou do navio em uma canoa ao lado do irmão caçula. Ela foi direto ao assunto ao abordar um passageiro: "Se você me der dinheiro para eu poder voltar, eu vou contigo no navio", propôs a um motorista que seguia no navio com seu caminhão. "Meu irmão pode levar a canoa de volta."

CAPÍTULO 8

Meninas exploradas sexualmente são traficadas para o exterior

Em 2002, adolescentes e mulheres eram traficadas para países da Europa e da América do Sul. Em 2019, a realidade é outra: meninas da Venezuela estão se prostituindo em Boa Vista e outros municípios de Roraima

Em 2002, quando trabalhava como editor da revista *IstoÉ* em Brasília, parti novamente para o Amazonas. A viagem foi motivada por um estudo que detalhou a exploração sexual e o tráfico de meninas nas fronteiras da Região Norte do país. A pesquisa destacou o Brasil entre os países exportadores de mulheres, crianças e adolescentes para a América e a Europa. Coordenada no Brasil pelo Centro de Referência, Estudos e Ações sobre Crianças e Adolescentes (Cecria), a pesquisa mapeou as principais rotas de tráfico de mulheres e adolescentes para prostituição.

"A pesquisa mostra que o tráfico de adolescentes para a Venezuela e outros países da América Latina não é exceção, e sim a realidade da maioria das meninas pobres da Amazônia, que atravessam por via terrestre as nossas fronteiras, onde a fiscalização é mínima", afirmou o holandês Marcel Hazeu, que coordenou a pesquisa em todos os estados da Amazônia.

Fiquei encarregado de aprofundar os dados colhidos na pesquisa. Em troca, obtive o direito de publicar o estudo com exclusividade.

O trabalho de reportagem foi iniciado na fronteira do Brasil com a Venezuela. Logo no primeiro dia de investigação, surgiu uma suspeita que não estava bem esmiuçada na pesquisa: o tráfico de meninas e adolescentes brasileiras para boates da Espanha através da Venezuela. A exploração ocorria à luz do dia, e os donos de boates e traficantes estrangeiros nem tentavam esconder os seus crimes.

Os traficantes se gabavam de conseguir documentos falsos para as meninas. Isso, no entender deles, dava um aspecto legal ao negócio ilícito. Os documentos com a identidade falsa das meninas eram obtidos na Praça do Relógio, em Boa Vista (RR), ou na região portuária de Manaus.

Na época, Santa Elena de Uairén, diferentemente da maioria dos municípios da Venezuela na divisa com o Brasil, vivia o apogeu por causa do ecoturismo, que atraía por ano cerca de 20 mil turistas brasileiros e de outras partes do mundo. Fundado em 1923 por garimpeiros de diamantes, o município, que está a 15 quilômetros da cidade brasileira de Pacaraima e a 200 quilômetros de Boa Vista, era frequentado principalmente por aventureiros em busca das belezas naturais.

O município chamava a atenção de turistas por estar em um local estratégico. É ponto de partida para o Monte Roraima e para Gran Sabana e Canaima, gigantescos parques com cachoeiras e matas tropicais. Desses parques é possível observar, por exemplo, Salto Angel, considerada a cachoeira mais alta do mundo, com uma queda de 979 metros.

Até o final da década, os passeios podiam ser feitos não somente a pé, por mochileiros, mas também por meio de helicópteros fretados pelas agências para clientes mais exigentes. A crise na Venezuela afetou o turismo.

Além do ecoturismo, a economia local era alimentada por uma rede de bons restaurantes e hotéis, além de um *free shop*, frequentado principalmente por turistas brasileiros à procura de perfumes, eletrodomésticos e o famoso rum venezuelano.

Foi em um dos restaurantes de Santa Elena de Uairén que localizei, em maio de 2002, um homem magro, alto e com a barba malfeita – o comerciante espanhol Vítor Ramiro Alvarez. Ele não teve nenhuma vergonha ao anunciar sua verdadeira profissão: traficante de adolescentes do Brasil para a Venezuela e a Espanha.

"Eu realmente venho por meio da Venezuela buscar adolescentes e outras mulheres no Brasil", afirmou Alvarez.

Sem demonstrar nenhum arrependimento ou compaixão, ria compulsivamente das autoridades brasileiras, por facilitarem seu trabalho. "Sou um homem de bem e de família, não tenho culpa se o comércio de meninas e mulheres corre solto aqui."

O espanhol almoçava com o representante da quadrilha na Venezuela, o brasileiro Vitor Dias, e com a brasileira Lady Mary. Natural de Porto Velho (RO), Lady, de 23 anos, contou que estava de malas prontas para seguir com Alvarez para a Espanha, onde têm sido constantes as denúncias de maus-tratos a mulheres em boates. Mesmo percebendo que estava sendo gravado, Dias não mostrou nenhum constrangimento ao dizer que seu amigo espanhol já havia passado por balneários do Caribe e da cidade industrial de Puerto Ordaz, na Venezuela, recrutando adolescentes e mulheres brasileiras que já trabalhavam lá.

Após o almoço, os traficantes e a brasileira atravessaram o posto de fronteira da Polícia Federal, onde não havia nenhum policial, e entraram em território venezuelano.

Em vez de riqueza, escravidão

O trabalho em boates era uma experiência que só trazia recordações dolorosas para as adolescentes amazonenses M.S., então com 15 anos, e G.S., de 16 anos. Aliciada por uma cafetina numa escola de Manaus, M.S., após uma breve passagem pela boate Afrodite, em Boa Vista, seguiu em 2001 para Georgetown, capital da Guiana, animada com a promessa de fazer fortuna num cassino de luxo. Bastaram poucas horas no país estranho para perceber que havia sido enganada. Em vez de dinheiro, a cafetina lhe apresentou a conta da viagem.

Morena de olhos azuis, a adolescente conseguiu saldar o débito depois de três meses duros de trabalho. Ela conta que só arrumou algum dinheiro para voltar para casa quando se mudou para a Venezuela. Lá, trabalhou em boates, garimpos e nos balneários de Puerto La Cruz e Isla Margarita, banhados pelo Mar do Caribe.

Recrutada também em Manaus, G.S. relatou a jornada de trabalho na boate La Maloca, em Santa Elena de Uairén, onde chegava a atender até quatro clientes numa noite. Apesar da vida dura nas boates, a adolescente, que também começou a se prostituir em Boa Vista, se dizia feliz por ter conseguido economizar R$ 1 mil. Com o dinheiro, G.S. planejava passar um feliz Dia das Mães em Manaus com a família.

Na mesma viagem de 2002, observei que, apesar dessas experiências traumáticas, muitas meninas ainda sonhavam em trabalhar nas boates do exterior. B.F., de 14 anos, uma menina de Manaus que já obtivera um documento falso, estava prestes a embarcar para a Venezuela.

"Não aguento mais essa vida de ser explorada pelos meus pais e todo tipo de pessoa em Manaus."

Alertei-a, então, dos riscos de se tornar uma escrava nas boates da Espanha, da Guiana e da Venezuela, e, aconselhada por mim, B.F. acabou desistindo da ideia.

Com a ajuda de entidades de proteção à criança e ao adolescente, ela conseguiu o dinheiro para retornar para Manaus, onde recebeu apoio das mesmas organizações não governamentais. Acusado de ajudar a menina a arrumar um documento falso, o comerciante português Joaquim Araújo Pires, proprietário da boate La Lorca, em Santa Elena de Uairén, se defendeu das acusações.

"A culpa é das autoridades brasileiras e venezuelanas, que deixam o tráfico correr solto", afirmou Pires.

Pelos cálculos dele, cerca de 80% das prostitutas que trabalhavam nas boates da Venezuela eram brasileiras, o que vinha atraindo para o país quadrilhas de traficantes da Espanha e de outros países da Europa.

Atendendo à preferência da clientela, a Maloca trabalhava exclusivamente com brasileiras, cujas carteiras de identidade causavam desconfiança até mesmo ao dono da boate.

"Sem documento que comprove que é maior, não entra na minha boate. Essa menina já chegou com esse documento. A gente vê que a menina é menor, e o documento dela é falso. Nesse caso, a culpa é das autoridades do Brasil, que emitem esses documentos falsos", defendeu-se Pires, que se dizia o único dono de boate na Venezuela que não explorava as brasileiras.

Fiscal do Ministério da Agricultura na fronteira do Brasil com a Venezuela, o engenheiro agrônomo Luís Cláudio Estrella disse que o número de meninas traficadas para a Venezuela à época havia se tornado incalculável. De acordo com Estrella, as adolescentes, vindas de Manaus e de outras cidades do norte do país, atravessavam a fronteira em táxis de lotação até Santa Elena de Uairén por meio da chamada Transmoambeira, uma estrada de terra que passa por detrás dos postos de fiscalização da Receita Federal, da PF e do Ministério da Agricultura. Após uma breve temporada em boates de Santa Elena, as meninas seguiam de ônibus e em pequenos aviões para os balneários do Caribe e para as cidades garimpeiras e industriais da Venezuela. Fixado em R$ 1.500,00, o preço pago pelas quadrilhas para cada menina brasileira levada para a Venezuela e a Espanha era assunto corriqueiro no país vizinho, segundo o inspetor-chefe da Receita Federal na fronteira, José Silvino Barreiras.

"Além do problema dos documentos falsos, há ainda a corrupção da Guarda Nacional da Venezuela. É só dar dinheiro para eles, para as meninas embarcarem tranquilamente no aeroporto rumo aos garimpos", afirmou o taxista Joaquim Caetano da Silva.

O motorista tinha experiência para falar do assunto. No ano de 2001, Caetano foi preso pela PF, junto com outros dois taxistas, quando transportava duas adolescentes e cinco mulheres de Manaus para a Venezuela. Foi solto após provar que não tinha nenhuma relação com o traficante venezuelano que havia tomado o seu táxi para levar as mulheres.

Funcionando a todo o vapor desde 1995, o tráfico de adolescentes e de meninas da Amazônia para Boa Vista e a Venezuela somente começou a ser combatido em 2003, quando mães começaram a denunciar o desaparecimento de suas filhas em Manaus. As denúncias levaram a Delegacia de Proteção à Criança e ao Adolescente a uma quadrilha internacional de traficantes de meninas que atuava em Manaus, em Boa Vista, na Guiana e na Venezuela. Quatro pessoas foram indiciadas por tráfico e exploração de menores pela delegada Maria das Graças: Sebastião André Costa, Waldir Nonato Filho, Leonor Icassati, a Leo, e Rosilda Maria de Lima, a Mika, donas das boates Afrodite e MC, em Boa Vista. Acionado pela delegada, o presidente do Conselho Tutelar de Boa Vista, Antônio Leandro Farias, conseguiu resgatar seis adolescentes de Manaus nas boates das cafetinas. Mantidas em regime de semiescravidão, em que eram obrigadas a trabalhar duro para pagar o dinheiro da passagem, as adolescentes contaram que estavam sendo preparadas para trabalhar na Venezuela e na Guiana.

"O [Sebastião] André me enganou. Ele me falou que eu ia ganhar muito dinheiro trabalhando como garçonete. Mas ao chegar na boate fui parar em um quarto escuro, onde só recebia comida se atendesse os clientes", contou a estudante P.L., de 15 anos, que, a exemplo das demais adolescentes, portava carteira de identidade falsa.

Em reunião com o presidente do Conselho Tutelar de Roraima, donos de boate fizeram uma revelação surpreendente: documentos falsos eram vendidos por policiais em Boa Vista e na Praça do Relógio, e no Bar do Castelinho, em Manaus. Respondendo a processo em liberdade, as cafetinas continuaram até 2015 a atuar na Venezuela e em Boa Vista, onde até mesmo os frequentadores das boates se diziam revoltados com os maus-tratos praticados contra as adolescentes.

"Antes de ir para a Venezuela, essas coitadinhas são escravizadas nas boates da Mika, da Leo e de outros cafetões. Eu sei disso porque frequento todas as boates", disse um empresário que se identificou com o apelido de Paçocão e aceitou gravar entrevista.

Longe das garras das cafetinas, as meninas resgatadas de Manaus se diziam ameaçadas. Trabalhando com a mãe numa loja no Centro de

Manaus, P.L., a adolescente que foi levada por Sebastião André para Boa Vista, passou a ser ameaçada de morte por telefone. Os membros da quadrilha tentaram intimidar a adolescente a fim de que ela não prestasse depoimento em juízo. Mãe de S.L., de 16 anos, que foi levada pelas cafetinas até uma boate na Guiana, a costureira Maria de Jesus Lopes também entrou em pânico depois que um homem tentou sequestrar seu filho caçula na tentativa de amedrontá-la.

Em Boa Vista, as pressões não eram menores. Viciada em "feijão", erva seca aspirada pelas crianças viciadas, C.L., de 15 anos, que fazia programas esporádicos na Venezuela, foi jurada de morte por ter acusado um grupo de policiais da Delegacia de Proteção a Adolescentes de Boa Vista de tê-la violentado.

Solitário na luta para acabar com o tráfico de menores e com a prostituição em Roraima, Antônio Leandro Farias também sofreu as consequências. Ele foi afastado da presidência do Conselho Tutelar a pedido da Promotoria de Adolescentes, sob a acusação de que teria disputado uma partida de damas em serviço.

O esforço não foi em vão. A polícia de Roraima prendeu o guianense Collis Oneal Hércules, que estava irregular no Brasil. Hércules foi preso em flagrante em Boa Vista por corrupção de menores, crime previsto no artigo 218 do Código Penal, cuja pena é de reclusão de um a quatro anos. Ele estava acompanhado das meninas E.L.S., Y.R.M. e A.P.M.S., todas com 14 anos. Elas partiram de Manaus de carona, para trabalhar como garotas de programa, e tinham contato com duas pessoas que pagavam as diárias do Hotel Três Nações, onde foram encontradas.

Embora sejam as principais vítimas desse clima de terror, meninas e adolescentes brasileiras ainda preferiam se prostituir em boates venezuelanas à vida que lhes era proporcionada no Brasil. Trabalhando na boate La Maloca, G.S., a menina que conseguiu levar R$ 1 mil para Manaus, sonhava em ganhar dinheiro suficiente para custear seus estudos.

Ano de 2019. O tráfico agora é da Venezuela para o Brasil

A partir de 2014, a situação na fronteira da Venezuela com o Brasil mudou completamente em relação à época em que estive na região para investigar o tráfico de crianças e adolescentes. A crise econômica na Venezuela atingiu em cheio o município de Santa Elena de Uairén. Os turistas desapareceram, deixando hotéis e restaurantes às moscas, e as principais lojas que vendiam produtos importados fecharam as portas. Os comerciantes se mudaram para a cidade brasileira vizinha de Pacaraima, onde, em vez de produtos luxuosos, tentam vender arroz, feijão e outros produtos básicos. O que no passado era sinônimo de ostentação e riqueza tornou-se cenário de pobreza.

A mudança está escancarada nas ruas e praças do Centro e do bairro Canindé.

"O trabalho é duro. Mas aqui, pelo menos, não estamos passando fome. Embora pouco, o dinheiro dá para comprar umas roupinhas", contou S.A., de 13 anos, natural de Puerto Ordaz, na Venezuela, que morava havia seis meses em um abrigo de refugiados em Boa Vista junto com a família. A menina, até os 8 anos, teve uma infância tranquila. Apesar de nunca ter tido uma vida de luxo, S.A. frequentava a escola e nunca havia passado fome. A vida dela e de toda a sua família mudou bruscamente quando o pai, que trabalhava como operário em uma empresa estatal, perdeu o emprego.

"Aí começamos a passar fome e todo tipo de dificuldade", disse a menina.

A história da adolescente exemplifica uma inversão na rota do tráfico de prostituição infantil entre os dois países. A entrada de crianças brasileiras na Venezuela foi extremamente reduzida devido ao tenso conflito entre as forças do Exército e os opositores do governo do presidente Nicolás Maduro na fronteira.

São as meninas venezuelanas que estão sendo recrutadas para trabalhar em Boa Vista. Crianças e adolescentes venezuelanas passaram a ser vistas em ruas e boates – ao lado de meninas brasileiras –, tornando-se presas fáceis de aliciadores a serviço dos poderosos pedófilos.

Dados da Interpol apontam que adolescentes venezuelanas passaram também a ser o principal alvo de cobiça das boates da Espanha e da Guiana Francesa.

Segundo denúncia da Conferência Nacional dos Bispos do Brasil (CNBB) e da Comissão Estadual de Enfrentamento à Exploração Sexual contra Crianças e Adolescentes (de Roraima), refugiadas da Venezuela passaram a ser alvo de quadrilhas de aliciadores.

"Visitamos os abrigos de refugiados da Venezuela em Boa Vista e descobrimos que há meninas e mulheres desaparecidas. Provavelmente tornaram-se prisioneiras nessas boates, o que caracteriza tráfico humano", afirmou o bispo Enemésio Ângelo Lazzaris, presidente da Comissão Episcopal Pastoral Especial para o Enfrentamento ao Tráfico Humano (CEPEETH), ligada à CNBB.

Preocupado com a situação das crianças venezuelanas, Lazzaris percorreu em 2018 municípios da fronteira entre os dois países. A prostituição de mulheres da Venezuela se tornou uma prática rotineira nas principais ruas da zona norte de Boa Vista. O comércio do sexo corre solto desde as primeiras horas do dia. Adolescentes e mulheres, que vêm para o Brasil na tentativa de fugir da fome, se dizem exploradas pelos donos das boates e por gigolôs que lotearam os locais de prostituição.

"Em incursões pelas cidades, ouvimos o relato de venezuelanas que se dizem obrigadas a pagar um pedágio por um ponto, que é público, a esses exploradores. Há casos também de mulheres que trabalham nas boates e acabam levando o cano dos donos. Como estão ilegais, não têm como reclamar", informou Flávio Cursino, coordenador da Comissão Estadual de Enfrentamento aos Crimes Sexuais contra Crianças e Adolescentes.

Numa dessas incursões, em 18 de maio de 2018, Dia Nacional de Combate ao Abuso e à Exploração Sexual de Crianças e Adolescentes, uma menina venezuelana foi resgatada quando era assediada por um aliciador.

"Estávamos distribuindo panfletos quando vimos o aliciador se aproximar. O pedófilo conseguiu fugir, mas felizmente conseguimos resgatar a menina", contou Socorro Santos, representante da Comissão de Políticas da Mulher da Assembleia Legislativa de Roraima.

O tráfico de adolescentes e mulheres venezuelanas está sob investigação da Polícia Federal. A apuração aponta que elas são recrutadas nas ruas de Boa Vista, de outros municípios ou até mesmo na Venezuela. As investigações estão sob sigilo.

O Fundo das Nações Unidas para a Infância (Unicef) também está atento ao problema. Depois de visitar abrigos no início de 2018, em Boa

Vista e Pacaraima, a representante do Unicef do Brasil, Florence Bauer, decidiu intensificar o trabalho de acolhimento e de educação das crianças e adolescentes venezuelanas.

"Temos informações de que meninas estão sendo obrigadas a se prostituírem, por isso viemos intensificar o trabalho que já realizávamos nesses abrigos", afirmou Bauer.

Entre as medidas adotadas pelo Unicef está a criação de espaços específicos para crianças e adolescentes nos centros de acolhimento administrados pelo Exército brasileiro. O esforço envolve um grupo de 40 profissionais da área de saúde e de educação, com serviços de lazer e aprendizagem com as crianças.

CAPÍTULO 9

Na fronteira com a Bolívia, traficantes exploram a prostituição infantil

Em 2002, meninas prostitutas de 13 anos eram consideradas veteranas. Em 2019, a prostituição infantil e a exploração de adolescentes eram controladas por facções criminosas

O trajeto que liga Porto Velho a Guajará-Mirim, na divisa do Brasil com a Bolívia, é praticamente o mesmo em que, durante os anos de 1907 a 1912, foi construída a ferrovia Madeira-Mamoré, conhecida como a Ferrovia da Morte. A construção dos 330 quilômetros foi cenário da morte de milhares de trabalhadores e índios explorados por empresários norte-americanos. Atacados por animais selvagens e atingidos por malária e outras doenças tropicais, pelo menos 20 mil trabalhadores morreram durante a construção da ferrovia.

A partir de 1972, quando foi fechada durante o governo do general ditador Emílio Garrastazu Médici, os trilhos da Ferrovia da Morte começaram a desaparecer. Hoje, se resumem a um amontoado de peças velhas expostas, ao lado de imagens do fotógrafo norte-americano Dana B. Merrill, que registrou a construção da ferrovia, em museus instalados nas antigas estações da Madeira-Mamoré. Os trilhos foram substituídos pela lama asfáltica da BR-425, que liga o Brasil à Bolívia.

Guajará-Mirim faz divisa com um município vizinho de nome semelhante: Guayaramerín. O município boliviano se transformou num cenário de morte, devido a uma guerra entre grupos de traficantes rivais. As informações iniciais apontavam que meninas brasileiras eram exploradas por aliciadores brasileiros, que as levavam para fazer programa nas boates e hotéis da Bolívia. As pistas e os nomes dos suspeitos foram fornecidos pela orientadora educacional da prefeitura de Guajará-Mirim, Izabel Costa Hayden. Além de coordenar a pesquisa da OEA em Rondônia, Hayden se transformou numa exímia investigadora da exploração sexual e do tráfico de meninas brasileiras para a Bolívia.

"A história é sempre a mesma: recrutadas em colégios, meninas começam a fazer programas aos 12 anos na Bolívia. No início ganham dinheiro, mas logo são viciadas pelos barões do tráfico. Aos 15 anos, começam a fazer programas em troca de drogas em boates decadentes", disse Hayden.

Segundo a orientadora, as adolescentes que conseguiam superar o vício eram levadas para boates de Mato Grosso do Sul, de onde seguiam para a Europa. Solitária na luta contra o tráfico, Hayden já sofreu ameaças e atentados. Perseguida por políticos, a orientadora contava somente com o apoio do batalhão do Exército da cidade, onde realizava um trabalho social com crianças e adolescentes carentes. Seu escritório na prefeitura era frequentemente arrombado. Entre as provas guardadas pela orientadora nos cofres do quartel, destaca-se um amontoado de fotos que lhe foram entregues por meninas viciadas que se prostituem na Bolívia. As fotos são impublicáveis. Em uma delas, por exemplo, uma menina de 12 anos aparece nua depois de ter feito 12 programas numa mesma noite na Bolívia. No radar da orientadora educacional estava principalmente o cabeleireiro Elias Quintão, figura tarimbada no município.

Quintão tornou-se conhecido por organizar concursos de beleza de estudantes. Mas moradores apontavam uma atividade paralela: cafetão de meninas brasileiras, com idades entre 12 e 16 anos. Aliciadas em colégios e nos concursos, elas atravessariam diariamente o Rio Madeira, acompanhadas de Quintão, em direção a Guayaramerín. Lá, receberiam até R$ 200,00 por programa com empresários, políticos e barões do tráfico. Nos primeiros três dias, acompanhamos, sem sermos percebidos, toda a movimentação do cabeleireiro. Não foi difícil verificar que o salão dele tinha a constante entrada e saída de meninas vestidas com uniforme de colégio. Acompanhei também idas do cabeleireiro à Bolívia, ao lado de meninas brasileiras, que eram deixadas em hotéis e boates decadentes.

O cenário desses bares e boates era assustador. Os estabelecimentos não passavam por reformas havia anos, as cadeiras não paravam em pé, e os clientes não faziam questão de esconder suas pistolas e outras armas por dentro da calça. A grande quantidade de ratos e insetos dava um aspecto ainda mais sinistro e assustador ao local. O mesmo clima de terror se espalhava pelas ruas e praças, onde o tráfico de cocaína corria solto. A onda de violência levou as autoridades bolivianas a adotar uma lei no mínimo inusitada: a proibição do uso de capacete pelos motoqueiros. A justificativa para a medida, que aumentava o risco de morte em acidentes, era de que os matadores profissionais usavam capacete para esconder o rosto ao cometerem crimes. Com a ajuda da orientadora Hayden, consegui conversar com crianças e adolescentes em Guayaramerín.

Faltava obtermos, por meio de uma câmera escondida, uma declaração do cabeleireiro. Eu e o fotógrafo nos apresentamos a Quintão como agentes de viagens à procura de meninas que pudessem atender nossos clientes. Na primeira conversa, Quintão se mostrou arredio. Mas, no segundo encontro, foi direto ao assunto: "Se vocês querem as meninas, eu arrumo, mas tem de ser do outro lado da Bolívia", disse, sem perceber que estava sendo gravado. Apesar disso e de ter sido investigado, ele acabou inocentado.

Taxistas e meninas apontavam também uma mulher, que se apresenta apenas como Ladiana, como chefe de outra quadrilha que levava meninas para a Bolívia. Ladiana costumava se hospedar no Hotel Santana, em Guayaramerín, onde apresentava as meninas a empresários e traficantes.

"Cansei de transportar meninas brasileiras até os barões da cidade, que têm até uma sala reservada no Los Cocos (principal restaurante da cidade) para jantar com as adolescentes antes de levá-las até o hotel", disse o taxista Victor Arce, que mostrou a sala reservada do restaurante.

No restaurante se encontrava E.G., de 17 anos. Aparentando ser pelo menos dez anos mais velha, ela lamentou a vida difícil nas boates: "Além de me baterem muito, os traficantes e os clientes acabam viciando a gente em droga", disse a adolescente, filha de um trabalhador rural de Rondônia.

A exemplo de amigas, E.G. informou que foi recrutada pelo cabeleireiro na porta da escola. "Eu era ainda muito criança e muito pobre. Nunca ganhei um brinquedo dos meus pais, que trabalham duro na roça para levar comida para casa. Então, acreditei na história de que seria uma modelo famosa, uma verdadeira princesa", afirmou.

Viciada em cocaína, E.G. contou que começou a fazer programas com 11 anos, na Bolívia. Ela pretendia seguir os mesmos passos de amigas que haviam se mudado para o Mato Grosso do Sul. De lá, pretendia seguir viagem para a Europa. Em abril de 2002, uma das amigas de E.G. estava desaparecida. No meio dos objetos pessoais da adolescente, parentes encontraram um cartão da casa de massagem Classe A, na Avenida do Rosário, 1.581, no município de Três Lagoas, divisa de Mato Grosso do Sul com São Paulo. No cartão estava anotado o telefone 541-2858, de propriedade de um PM de Guajará-Mirim.

D.R., de 13 anos, outra menina que ganhava a vida nas boates da Bolívia, disse que as festinhas com as brasileiras atraíam políticos e empresários de Porto Velho e de outras regiões. "Já fui em festa na Bolívia que tinha mais de quinze meninas e um amontoado de gente rica. Rola muita grana. Mas, infelizmente, o pouco dinheiro que sobra é utilizado para comprarmos drogas", disse D.R.

O mesmo tipo de exploração era constatado em Cobija, município boliviano vizinho a Brasileia, no Acre. Diferentemente de Guayaramerín, Cobija, capital da província Nicolás Suárez, tem um comércio mais sofisticado de produtos importados, por estar situado numa zona franca. Os preços convidativos atraem turistas brasileiros.

As ruas e boates são mais limpas, mas o tráfico de drogas e a prostituição de meninas brasileiras são vistos durante o dia e à noite.

"Tentamos combater, mas não adianta nada a polícia da Bolívia agir se não forem encontradas soluções para essas adolescentes no Brasil", afirmou o coronel Antonio Ayala, comandante da Guarda Nacional em Cobija.

Aposentadoria precoce

A vida das meninas brasileiras na Bolívia é difícil. Uma vida tão sacrificada que por volta dos 13 anos muitas já são consideradas veteranas no mercado do sexo.

Maltratada pelo padrasto, S.V. tinha 12 anos quando decidiu partir da cidade de Várzea Grande, em Mato Grosso, sem destino. Levando apenas o uniforme escolar no corpo, a estudante pegou uma carona até Rio Branco, capital do Acre, onde conheceu um taxista que lhe fez uma proposta irrecusável: trabalho fácil e bem remunerado na Bolívia. Passados três anos, a adolescente, que vendeu a virgindade por R$ 200,00 a um traficante no município de Cobija, é uma profissional em fim de carreira. Viciada em drogas e álcool, ela lamenta o trabalho.

"Às vezes, a gente chega a atender até quatro clientes. É uma vida para lá de difícil", disse a adolescente em uma boate do município boliviano de Riberalta, a duas horas de carro da fronteira com o Brasil.

Desprezada pelos clientes, S.V., hoje com 16 anos, já é veterana na prostituição e mal ganha para sustentar o vício.

Embora com desfecho menos trágico, as histórias das estudantes de Brasileia J.S., de 15 anos, e M.L., de 16, mostram a mesma realidade.

"Até hoje não sei como fui cair nessa vida. Mas preciso do dinheiro do programa para bancar meus vícios", afirmou a adolescente M.L.

AMAURY RIBEIRO JR.

Ano de 2019. Fome e miséria aumentam os riscos das crianças na fronteira do Brasil com a Bolívia

Publicada em 21 de janeiro de 2003, na edição da revista *IstoÉ*, com o título "Meninas Produtos de Exportação", a reportagem provocou uma série de reações do poder público. Uma comissão mista do Senado e da Câmara, aberta para apurar o tráfico de crianças e adolescentes, se deslocou para os estados que fazem fronteira com a Venezuela e com a Bolívia. Por solicitação dos deputados, foram instaurados inquéritos pelas polícias civil e federal no Acre, Rondônia e Roraima. As investigações resultaram na prisão de uma rede de pedófilos em Rio Branco, Porto Velho e Boa Vista. Embora citados no relatório da CPI, alguns acusados, como o cabeleireiro Elias Quintão, nunca foram presos.

Livre, Quintão continua promovendo concursos de beleza entre adolescentes. No entanto, depois da publicação da reportagem, o Conselho Tutelar do município não recebeu mais denúncias contra ele. Quintão negou à PF e à Comissão ter envolvimento com a exploração sexual de crianças.

"Se continua fazendo alguma coisa, não denunciaram a nós", afirmou a coordenadora do Conselho Tutelar de Guajará-Mirim, Jovina Ferreira.

Mas o que parece ser uma boa notícia apenas esconde uma nova faceta da situação das meninas e outras crianças na fronteira do Brasil com a Bolívia. As crianças e os adolescentes do município passaram a trabalhar para facções criminosas.

"Infelizmente, as crianças são recrutadas por essas facções criminosas tanto como 'mulas' quanto como prostitutas", afirma William Fernandez, membro do Conselho Tutelar de Capixaba, município do Acre na divisa com a Bolívia, a 70 quilômetros de Rio Branco.

A chegada de grupos criminosos chamou a atenção da polícia do Acre, que prendeu em abril de 2019, em Capixaba, Leyane de Oliveira Santos, acusada de tráfico e exploração sexual de menores. As investigações da polícia apontam que a cafetina é membro do Primeiro Comando da Capital (PCC), organização criminosa que assumiu o comando do tráfico na fronteira do Brasil com a Bolívia.

No final de 2019, o Conselho Tutelar recebeu a denúncia de que meninas do município estariam se prostituindo em bares e boates do vilarejo boliviano Mapiron, a um quilômetro de Capixaba.

"Infelizmente, não podemos fazer nada, porque não podemos entrar na Bolívia", afirmou a conselheira Bárbara Carbali.

As denúncias levaram o governo boliviano a fechar a principal boate onde as meninas se prostituíam.

Mas, de acordo com o prefeito de Capixaba, Antônio Cordeiro (PMDB), o índice de desemprego voltou a colocar as crianças em áreas de risco. "O envolvimento dessas crianças com o tráfico e com a prostituição nunca vai acabar enquanto a fome continuar a assombrar a região. Essas crianças são filhas de trabalhadores que estão sem emprego", disse o prefeito.

De acordo com ele, a crise se agravou com o fechamento das duas maiores empresas do município. "Nem com o dinheiro do látex, que está valendo uma ninharia, esses pobres coitados podem contar. As pessoas estão ficando doentes, deixando os hospitais da rede pública em estado de calamidade. Pelo menos aqui no Acre, a fome voltou."

O envolvimento de crianças e adolescentes com as facções criminosas também está tirando o sono das autoridades de Brasileia, outro município na fronteira com a Bolívia. Levantamento do Conselho Tutelar aponta que o Colégio Kayrala se transformou num dos focos de distribuição de drogas. "É uma triste realidade que atinge não somente crianças pobres, mas também adolescentes de classe média", afirmou a conselheira Maria Alcilene.

"A exploração sexual de meninas continua a todo o vapor, agora sob o comando dessas mesmas facções. É muito fácil as meninas chegarem à Bolívia, é só atravessar a ponte", acrescentou.

CAPÍTULO 10

Queiroz, procurador-geral de Justiça e pedófilo condenado

*Poderoso, homem forte da Justiça de
Roraima comprava a virgindade de meninas pobres
da periferia de Boa Vista*

É uma tarde de maio de 2008 em Boa Vista, a capital do estado de Roraima. De bermuda branca e camiseta vermelha, o procurador-geral de Justiça de Roraima, Luciano Alves Queiroz, entra num motel com sua Hilux SRV branca, acompanhado, no banco da frente, de uma mulher que se identifica como Lidiane do Nascimento Foo, 25 anos. Mas o verdadeiro objeto de prazer do procurador está escondido no banco traseiro do carro: uma menina de 6 anos vestida com roupas cor-de-rosa. A menina foi colocada ali pela própria mãe, Lidiane, na tentativa de ocultar dos porteiros do motel o crime que praticaria contra a própria filha, que até dois anos antes usava chupeta.

Na ânsia de conseguir dinheiro fácil, Lidiane não hesitou em vender a virgindade da filha para o poderoso chefão da Justiça. Estava ali para entregar de mão beijada a infância da filha.

Sem demonstrar pudor, o procurador e a cafetina entraram aos risos, com a certeza absoluta de que jamais seriam desmascarados. Afinal, havia mais de cinco anos já praticavam o mesmo crime contra outras crianças pobres e nunca foram presos. A confiança de Queiroz e a certeza da impunidade aumentavam quando, ao mostrar sua carteira de procurador de Justiça ao porteiro, tinha acesso rápido, sem que nenhum dado dele ou da acompanhante fosse anotado no motel.

O procurador pedófilo e a cafetina só não sabiam que estavam sendo monitorados pela Polícia Federal. Os agentes filmaram todo o percurso. As imagens mostram que inicialmente a mãe e a menina, com um ursinho de pelúcia nas mãos, se encontram com Queiroz na frente da casa dele. O procurador chega, abre o portão da garagem, e os três seguem no carro para o motel, onde permanecem por uma hora. Em seguida, a mãe e a menina, com os cabelos molhados, são deixadas à porta de um mercado.

O material colhido no motel se juntou a um amontoado de provas (gravações telefônicas e filmagens autorizadas pela Justiça) que indicam que crianças de 6 a 14 anos eram drogadas e viciadas antes de serem colocadas no mercado do sexo.

Flagrado em várias cenas ao lado de meninas pobres, Queiroz é um personagem constante dessas gravações. Ouvida por membros do Conselho Tutelar, a menina contou que foi obrigada pela mãe a manter relações íntimas com Queiroz. Além de colocar a filha nua na piscina do motel, a cafetina teria espancado a criança, obrigando-a a atender aos desejos sexuais do procurador. Cenas de terror que a menina, que em 2019 completou a maioridade, não tira da memória: "Tenho pesadelos até hoje. É uma dor que a gente custa a esquecer. Estou tentando trabalhar isso, mas é difícil", conta a vítima, que mora com parentes.

O farto material levou a PF a deflagrar, na manhã de 6 junho de 2008, a chamada Operação Arcanjo, que desbaratou uma quadrilha de pedófilos e de tráfico de drogas. Além de Queiroz e Lidiane, foram presos cinco outros peixes graúdos: o major da Polícia Militar Raimundo Ferreira Gomes, o funcionário do Tribunal Regional Eleitoral (TRE-RR) Hebron Silva Vilhena e os empresários Jackson Ferreira dos Santos, José Queiroz da Silva, o Carola, e seu irmão Valdivino Queiroz.

A PF desarticulou também o núcleo de operação da quadrilha, ao tirar de circulação Givanildo dos Santos Castro, marido de Lidiane. O casal é apontado nas investigações como o principal aliciador. Eles cooptavam meninas em escolas públicas de bairros pobres para programas sexuais com empresários e políticos. Além de lucrar com o negócio, Givanildo também abusava das meninas antes de oferecê-las a seus clientes. O cafetão foi preso em flagrante quando abusava sexualmente de uma menina de 10 anos em sua própria casa.

"Ele e o restante da quadrilha agiam como verdadeiros monstros. Só me lembro que ficava zonza e quando acordava estava toda ensanguentada. Todos merecem morrer na cadeia. Mesmo assim, isso não vai aliviar minha dor", conta S., uma das vítimas, que também já completou a maioridade.

O uso de drogas pelas adolescentes ficou evidente durante as investigações da polícia. A filha de Lidiane, cuja virgindade fora vendida para o procurador-geral de Justiça, era dopada pela própria mãe, que fornecia drogas para meninas pobres da periferia.

"As drogas eram utilizadas antes, durante e depois dos programas", afirmou o então delegado da PF em Roraima, Alexandre Ramagem.

Na casa de Queiroz foram encontradas fotos de meninas seminuas, com idades entre 12 e 14 anos. Essas fotos foram incluídas num *book*, que era usado para atrair clientes da rede de pedófilos.

O procurador-geral Queiroz era um cliente para lá de vip. Chegava a marcar encontros com meninas e adolescentes até cinco vezes por semana. A exemplo de outros pedófilos, o procurador tinha preferência por meninas que ainda estavam com o corpo em formação.

"Quanto mais novinha, mais ele pagava", relatou Lidiane.

Pedófilo tinha obsessão pelo poder

O ex-procurador-geral de Justiça sempre teve também obsessão pelo poder. Natural do município de Campo Maior, no Piauí, ele chegou a Roraima em 1979 e não demorou a se tornar figurinha constante nos cargos públicos do estado. Antes de ocupar a cadeira de procurador, foi nomeado por seu padrinho, o então governador José de Anchieta Jr. (PSDB), para o cargo de secretário-geral da Casa Civil.

Mas sua influência política não estava restrita ao alto tucanato do estado. Polivalente, em governos anteriores Queiroz ocupou cargos de chefia em diferentes áreas: diretor do Departamento de Meteorologia, diretor do Departamento de Pesos e Medidas e assessor da Companhia de Águas e Esgotos de Roraima. Sua passagem na vida pública só se encerrou depois de ser preso pela PF, quando foi exonerado do cargo pelo governador.

"Não podemos ter controle sobre a vida pessoal dos funcionários", justificou o governador, por meio de nota, ao exonerar o procurador-geral de Justiça.

Apesar de viver entre poderosos, Queiroz sempre manteve uma vida reclusa. Gostava de andar sozinho em sua camionete. Apelidado de "lobo solitário", era visto por colegas de trabalho sempre em rondas pelos bairros à procura de meninas pobres, que sempre eram aliciadas em troca de presentes ou notas de R$ 50,00 e R$ 100,00. Vez por outra, desfilava em seu carro com essas meninas, sem nenhum constrangimento. A vida clandestina do procurador de Justiça era de conhecimento de muitos em Boa Vista. Mas, como era um homem poderoso, ninguém ousava denunciá-lo. Em uma de suas incursões pela periferia, se deparou com Lidiane, que passou a facilitar a vida dele nos aliciamentos.

A vida pública de Queiroz também foi marcada por lances polêmicos, que ele nunca escondeu. Em abril do mesmo ano em que foi preso, Queiroz ingressou na Justiça com uma medida cautelar a fim de cancelar a retirada de madeireiros da reserva indígena Raposa Serra do Sol, na divisa com a Venezuela. Não se tratava de uma mera disputa pela posse da terra, e sim de violação de um direito constitucional obtido pelos índios, que tiveram sua reserva demarcada pelo governo federal durante o mandato do presidente Fernando Collor de Mello.

Advogando em prol dos interesses dos madeireiros e de outros poderosos que o ajudaram a chegar ao cargo máximo da Justiça no estado, Queiroz guiou sua vida por uma regra que sempre seguiu à risca: pulso forte com as minorias e mãos leves com seus amigos aliados e parceiros no crime.

"Índio bom é índio morto", costumava dizer nos corredores do Palácio do Governo em Roraima.

Queiroz também não hesitou em entrar com pedido de liberdade para o major Raimundo (cunhado de Lidiane), seu companheiro de cela durante a Operação Arcanjo. Réu confesso no processo desencadeado pela Arcanjo, o militar havia sido condenado a 25 anos de prisão por molestar uma criança de 5 anos no interior de Roraima.

O procurador se orgulhava de aparecer ao lado de meninas. Numa das fotos apreendidas pela PF, tirada pela cafetina Lidiane, Queiroz estampa um grande sorriso ao posar na frente de uma menina de 12 anos. As investigações concluíram que, além da filha da cafetina, Queiroz abusou também de outra menina de 6 anos. Vizinha de Lidiane, a criança foi aliciada pela cafetina e entregue às garras do procurador.

"Aliciaram minha filha na minha casa, sem que eu pudesse ao menos desconfiar. Nem mesmo a prisão desse bandido é capaz de tirar toda a dor da minha filha, que passou a ter vários problemas de comportamento, e de toda a família. É uma dor eterna, que nunca acaba", disse a mãe da menina, senhora simples, que pediu para não ser identificada.

A exemplo de outros personagens deste livro, Queiroz tinha a convicção de que jamais seria punido. Como o homem que frequentava as rodas do Palácio do Governo poderia acabar atrás das grades? Impensável.

De certa forma, estava certo em sua análise. Afinal, em Boa Vista, onde a exploração sexual de crianças corre solta, quem teria coragem de punir um homem poderoso por esse tipo de crime? Queiroz só não contava com o acaso.

Curiosamente, não foi a prostituição infantil que chamou inicialmente a atenção do Ministério Público e da Polícia Federal. O esquema de pedofilia, abuso sexual de menores e prostituição foi descoberto a partir de uma investigação de tráfico de drogas coordenada pela Delegacia de Combate ao Crime Organizado em conjunto com a Polícia Federal, o Ministério Público Estadual e a Justiça Estadual. A operação foi desencadeada depois de seis meses de investigação, com o apoio do Conselho Tutelar de Roraima.

Durante as investigações, a polícia interceptou ligações telefônicas e imagens que continham indícios sobre o comércio sexual de crianças e adolescentes. Ligados ao tráfico de drogas, os aliciadores e clientes retiravam crianças e adolescentes da casa de seus pais ou de escolas públicas. Depois de drogadas, as meninas eram entregues pelos aliciadores aos clientes para programas sexuais. Toda a ação era facilitada porque os aliciadores ganhavam, mediante uma pequena compensação financeira, a confiança das famílias das vítimas. Lidiane se apresentava como pessoa preocupada com o futuro das crianças pobres. Toda essa encenação impedia que os pais desconfiassem dos verdadeiros interesses da cafetina.

"Queiroz e outros clientes famosos ligavam para Lidiane, que não tinha nenhuma dificuldade em agenciar os programas, porque ela contava com a amizade dos familiares das vítimas", afirma o promotor de Justiça José Rocha Neto, que atuou na acusação.

Em depoimento à Comissão Parlamentar de Inquérito (CPI) da Pedofilia do Senado Federal, Lidiane confirmou que agenciava meninas para Queiroz e outros clientes. Embora tenha confessado o crime, a cafetina tentou se apresentar como vítima do esquema de pedofilia que ela mesma comandava.

"Quando tinha 11 anos, eu mesma tive relacionamento sexual com Queiroz. Aos 16 anos, comecei a consumir drogas. Mas nunca fui agenciadora. Para mim, isso não era crime, era meu mundo", afirmou Lidiane à CPI, acrescentando que estava sob ameaça de morte pelo ex-procurador e por empresários presos.

Em outras palavras, apesar de condenada e de cumprir pena em um presídio de Boa Vista, onde é chamada de monstro pelas outras detentas,

Lidiane acreditava que não tinha culpa por ter vendido a infância da própria filha e de outras meninas.

O mesmo ar de inocência Lidiane não demonstrava ao negociar as meninas com os clientes poderosos. Por exemplo, sem os holofotes da CPI, numa conversa com José Queiroz da Silva, um dos empresários de Boa Vista presos pela PF por pedofilia, a cafetina tentou valorizar a pouca idade de uma menina ao negociar um programa sexual com ela. Àquela altura, Lidiane não sabia que o diálogo estava sendo gravado pela Polícia Federal com a autorização da Justiça.

José Queiroz – *Como é a menina?*
Lidiane – *É como eu falei anteriormente.*
José Queiroz – *Aquela de antigamente é muito velha.*
Lidiane – *Essa é nova. É uma morena, alta, com pernão e bundão.*
José Queiroz – *Qual é a idade?*
Lidiane – *13 anos.*

É impressionante como Lidiane usa os mesmos argumentos da cafetina Aline Cristina de Souza Andrade, que vendia a virgindade de meninas pobres de Manaus para o empresário Fabian Neves e outros poderosos pedófilos do Amazonas (história esmiuçada no primeiro capítulo). A única diferença é que a cafetina de Manaus vendeu a virgindade da sobrinha, enquanto Lidiane, a da própria filha. Fabian e o procurador Queiroz apresentam traços comuns: odiavam os movimentos sociais e tinham a certeza de que ficariam impunes de seus crimes. Só há uma diferença grande entre os dois personagens. Como não era ligado a compromissos sociais e vivia uma vida solitária, ao contrário de Fabian, Queiroz nunca tentou posar de bom marido e se vestir com o manto de moralista que seguia os bons costumes. Ao andar ao lado de meninas pelas ruas da cidade, assumia sua perversão, com o seguinte lema: "Faço isso porque posso e ninguém tem nada a ver com isso".

A certeza de impunidade não se concretizou. Queiroz foi condenado inicialmente a uma pena de 220 anos de prisão em regime fechado, mas ela foi reduzida a 75 anos pelo Tribunal de Justiça de Roraima (TJRR). A decisão beneficiou Lidiane, cuja pena foi diminuída de 331 para 159 anos.

O mais beneficiado foi o empresário Carola, que teve a pena reduzida de 59 anos para 15 e cumpre pena em liberdade, até que sejam esgotados todos os recursos na Justiça. A pena do irmão de Carola, Valdivino Queiroz, também foi reduzida, de 76 anos para 14 anos. O major da PM, condenado inicialmente a 76 anos de prisão, teve a pena reduzida a 26 anos com a decisão do TJRR.

Cumprindo pena numa suíte com ar-condicionado no quartel da Polícia Militar de Boa Vista, Queiroz acredita que os crimes praticados por ele são uma história do passado.

"Isso tudo acabou", disse pela janela do presídio à repórter do programa *Repórter Record Investigação*, da Rede Record, Heleine Heringer[11]. Na mesma reportagem, o ex-procurador-geral demonstra estar longe de ter perdido a arrogância. "Você quer sair daqui ou quer que eu mande chamar meus advogados?", disse à repórter, que tentava entrevistá-lo pela janela da cela.

Preso no mesmo local, o major da PM assumiu um ar mais humilde ao dizer que estava arrependido por todos os crimes que praticou contra crianças e adolescentes.

Para representantes de organizações de direitos humanos e de defesa da criança e do adolescente, a ação da quadrilha deixa marcas até hoje. De acordo com a PF, uma das vítimas ficou grávida de Queiroz. Segundo levantamento do Conselho Tutelar de Roraima, outras meninas abusadas se tornaram dependentes de drogas ou mães precoces. Um levantamento da Fundação Abrinq, organização não governamental de proteção à criança e ao adolescente, mostra que o estado de Roraima se tornou o campeão absoluto de casos de violência contra crianças e adolescentes. A pesquisa mostra que no primeiro semestre de 2017 foram registradas 262 denúncias de violência sexual praticada contra menores. Com exceção de Queiroz, do major e da cafetina Lidiane, todos os demais réus respondem a processo ou recorrem da sentença em liberdade.

---

11 Em 17 de agosto de 2018, o programa *Repórter Record Investigação*, sob o comando do jornalista Domingos Meirelles, apresentou reportagem especial da repórter Heleine Heringer com um balanço dos dez anos da Operação Arcanjo.

PODEROSOS PEDÓFILOS

Material apreendido pela PF comprova que o ex-procurador Luciano Alves Queiroz fazia posts ao lado de meninas.

CAPÍTULO 11

Ano de 2010.
Turistas americanos, juízes e políticos: os pedófilos poderosos de Manaus

Prostituição infantojuvenil se aperfeiçoou a partir do ano de 2010 para atender a um novo público

As chamadas "Disneylândias do Sexo" praticamente não existem mais nos moldes antigos. A exploração sexual de crianças e adolescentes se espalhou do Centro para as zonas leste, sul e norte de Manaus. No ano de 2010, acompanhado do especialista em câmera oculta Lumi Zúnica, viajei mais uma vez para produzir uma reportagem sobre a prostituição infantojuvenil nessa cidade.

A princípio, acreditava que seria uma reportagem sem maiores novidades, apenas complemento de uma série denominada "Infância Roubada", que seria levada ao ar no *Jornal da Record*.

Durante a apuração, não faltaram flagrantes de carros de luxo que paravam à procura de meninas que se prostituíam nas avenidas de bairros de Manaus. O destino eram os motéis em ruas mais escondidas. Quando não estavam nas ruas, as meninas percorriam os bares.

Além de equipamentos que facilitavam a captação de imagens, tivemos dessa vez o apoio do Conselho Tutelar, que alertou para um grande número de casos de violência sexual contra crianças e adolescentes na região. Como acontece na maioria dos casos, os algozes quase sempre eram os pais e parentes próximos das vítimas. A ajuda do Conselho Tutelar foi fundamental para que a reportagem mostrasse que o turismo sexual continuava em alta, principalmente nas regiões ribeirinhas, onde há hotéis de luxo. O repórter Luiz Carlos Azenha, que participou ativamente da reportagem, chegou a acompanhar uma operação do Conselho Tutelar para retirar as meninas dessas áreas de perigo.

Nós, jornalistas, não tínhamos encontrado nada de novo, até que nos deparamos nas ruas com duas meninas indígenas da etnia Mura, criadas nas aldeias do município de Autazes, a cerca de 90 quilômetros de Manaus. Elas contaram que haviam sido convidadas por guias de uma agência de turismo para passear de barco. Lá, teriam sido drogadas e violentadas por um grupo de turistas norte-americanos. A denúncia estava sob a investigação da Polícia Federal. Depois de conversarmos com outras adolescentes violentadas, procuramos a PF, que não somente confirmou o inquérito para apurar os abusos contra as crianças indígenas como deu outra informação bombástica: o juiz da Vara do Trabalho de Tefé (AM), Antônio Carlos Branquinho, que já estivera preso sob a acusação de explorar sexualmente meninas na comarca de Tefé, havia sido detido novamente. Dessa vez, havia sido preso por guardar em sua casa, em Manaus, uma grande quantidade de material de pornografia infantil.

A PF informou também que, junto com o Ministério Público, estava concluindo mais uma investigação contra o ex-prefeito de Coari Adail Pinheiro (PP), que estivera preso por exploração sexual de crianças e adolescentes. Esses três casos, embora não tenham relação direta, deixavam claro que a exploração sexual de crianças e adolescentes havia se sofisticado para atender clientes cada vez mais poderosos. Em vez das chamadas boates, que antigamente deixavam a prostituição escancarada, as meninas passaram a ser recrutadas por agências de turismo ou redes de aliciadores, que se comunicavam por telefone com seus clientes. Em alguns casos, até servidores públicos eram usados para agenciar meninas para pedófilos que ocupavam cargos públicos.

Era por intermédio dessas redes que o juiz do trabalho de Tefé, os turistas norte-americanos e o ex-prefeito de Coari conseguiam comprar o sexo dessas crianças e adolescentes.

Meninas indígenas exploradas por turistas americanos

Após levantar os dados na Polícia Federal, nos deslocamos até o município de Autazes, para conversar com meninas indígenas vítimas de violência sexual que teria sido praticada por turistas norte-americanos.

Cortado pelo Rio Madeirinha, afluente do Rio Madeira, e banhado por inúmeros lagos, o município de Autazes recebe no período de agosto a dezembro turistas de todo o país e do mundo, atraídos pela pesca esportiva do tucunaré, do peixe-boi e de outros peixes típicos da Amazônia. A atividade no município, com cerca de 45 mil habitantes, 80% dos quais de origem indígena, é explorada por agências de turismo que vendem pacotes fechados com guia, passeios de barco e estada em iates e pousadas. Foi em meio a esse paraíso que as meninas indígenas foram criadas. Quando não estavam na escola, se banhavam nas cachoeiras e rios, onde ajudavam os pais na prática da pesca. O trabalho delas se estendia durante a colheita da castanha-do-pará ou da mandioca.

Exímias conhecedoras dos peixes da região, durante as temporadas de pesca, as meninas indígenas eram recrutadas por guias para trabalhar nas embarcações das agências de turismo. A promessa de pagamento em dólar as colocou no caminho da Wet-A-Line, agência com sede no estado da Geórgia, nos Estados Unidos. O que as adolescentes não podiam imaginar é que, por trás do site da agência norte-americana, o seu proprietário, o empresário Richard Schair, escondia o que oferecia a clientes especiais, por cerca de US$ 5.000 (fora as passagens aéreas): programas íntimos com meninas indígenas com idades entre 12 e 15 anos.

De acordo com a Polícia Federal, as meninas da aldeia Mura eram recrutadas por guias da empresa Santana Ecofish Safari, braço brasileiro da agência norte-americana.

"Fomos levadas para o barco com o pretexto de trabalhar como garçonetes e assistentes de pesca. Mas, ao chegarmos no barco, a história era outra: éramos drogadas e obrigadas a fazer sexo com os americanos", disse S., de 16 anos. Ao menos outras quinze meninas teriam sido violentadas nesse esquema, de acordo com a PF.

Descendente de uma nação indígena que migrou da divisa do Peru para a região no início do século XVI, a adolescente conta que a vida dos índios, que vivem em constante atrito com madeireiros, nunca foi fácil. A reserva dos Mura até hoje não foi demarcada, o que facilita a ação dos exploradores de madeira e de fazendeiros, com constantes ameaças aos indígenas. As ameaças levaram o Ministério Público Federal a instaurar uma investigação no início de 2019.

"Apesar disso, éramos felizes, criadas soltas como os animais da Amazônia. O trauma deixado por esses atos de violência praticados contra nós reflete em outras gerações de meninas, que vivem sob constante tensão e medo. Tiraram toda a nossa alegria e liberdade. É uma dor que passa de geração para geração", disse a adolescente.

Ela lembrou ainda que o caso estava sendo investigado pelo FBI (a polícia federal dos Estados Unidos). Como havia uma empresa americana envolvida, o FBI enviou um grupo de agentes para tomar o depoimento das meninas em Autazes, como confirmaram os advogados das menores.

De acordo com o inquérito instaurado pela PF, pelo menos quinze meninas teriam sido vítimas de aliciamento e estupro. As investigações levaram no Brasil à prisão dos guias e irmãos Adilson e Admilson Garcia e dos proprietários da empresa brasileira José Lauro dos Santos e Daniel Geraldo Lopes, além da apreensão dos barcos onde ocorria a violência sexual contra as meninas.

Certos de que sairiam impunes, os turistas americanos solicitavam que os guias tirassem fotos deles abraçados às meninas seminuas, provavelmente para expô-las como troféus de uma aventura na Amazônia. Toda essa excentricidade acabou embasando o inquérito da

Polícia Federal, que apreendeu 113 dessas fotos, tiradas com máquinas da própria empresa. O material fotográfico ajudou a revelar toda a rota de deslocamento das meninas até o barco.

"As fotos deixam claro que as meninas eram recrutadas em Autazes e levadas em barcos menores (as voadeiras) para os iates, onde, depois de drogadas, eram obrigadas ao sexo com os turistas", disse o delegado Sérgio Fontes, ex-superintendente da PF em Manaus.

A exploração provocou a indignação das lideranças indígenas e dos moradores de Autazes, que têm de conviver com as consequências dos crimes cometidos pelos turistas.

"Apesar de termos sido drogadas e violentadas quando éramos apenas crianças, somos as únicas a pagar a conta", afirmou S.A., de 16 anos, uma das vítimas, que acabou engravidando e tendo um filho, fruto da violência cometida.

Veiculada inicialmente pelo *Jornal da Record*, a notícia acabou ganhando destaque nas páginas do jornal *The New York Times*. De acordo com o diário americano, o caso foi denunciado nos Estados Unidos pelo grupo feminista Equality Now. Em seu site, a organização informa que um processo foi aberto no estado da Geórgia, por quatro meninas, todas de origem indígena. Na denúncia, as meninas, com idades entre 12 e 17 anos, alegam ter sido vítimas de escravidão sexual nos barcos de luxo, onde eram embriagadas, drogadas e obrigadas a se submeter a atos sexuais. Com base na Lei de Tráfico de Pessoas Humanas, a organização solicitou uma indenização para as vítimas na Justiça da Geórgia.

Em depoimento que prestou à Comissão Parlamentar de Inquérito do Tráfico Humano, no Senado, em maio de 2012, o proprietário da Santana Ecofish Safari, José Lauro da Silva, negou as acusações. Mas acabou se tornando réu em um processo na 4ª Vara Criminal da Justiça Federal de Manaus. Além do empresário, foram processadas cinco pessoas, entre as quais os guias da empresa, Admilson e Adilson Garcia da Silva, acusados de aliciar as meninas indígenas e oferecê-las aos turistas no barco de propriedade do empresário. A última movimentação do processo, que tramita na Justiça Federal de Manaus, ocorreu em agosto de 2019. O empresário norte-americano foi intimado a depor por meio de carta rogatória. Todos os réus respondem ao processo em liberdade. Documentos que levantei mostram que um ex-secretário de Turismo da França era sócio da Ecofish.

De acordo com o Conselho Tutelar do município, o aliciamento de meninas indígenas está longe de ter se tornado uma prática do passado.

"Recebemos em média trinta denúncias por mês de aliciamento de meninas indígenas e de estupro de vulnerável", disse o conselheiro tutelar Ronaldo Castro da Silva. Ele explica que o combate à exploração de crianças e adolescentes é dificultado pela ausência de um posto da Polícia Federal no município de Autazes e pela falta de estrutura do Conselho Tutelar para verificar as denúncias apresentadas por pessoas que têm medo de se identificar.

"Infelizmente, não temos barcos nem dinheiro para comprar combustível para checar essas denúncias", lamenta o conselheiro. Segundo ele, o barco a serviço da agência norte-americana continua explorando a pesca esportiva no município. Mas não houve mais nenhuma nova denúncia de que a agência esteja explorando sexo de meninas indígenas. Em 2019, passados quase sete anos após a PF ter indiciado os donos e funcionários da agência, as famílias das vítimas ainda não foram indenizadas.

O filho da menina indígena com o turista norte-americano está sendo criado pelos avós. De modo geral, as meninas vítimas, do jeito que podem, tentam seguir em frente.

CAPÍTULO 12

"Ilustres" abusadores de meninas indígenas

Preso pela Polícia Federal e condenado pela Justiça por pedofilia, o comerciante Manuel Carneiro Pinto foi homenageado em maio de 2019 pela Câmara do Município de São Gabriel da Cachoeira

Duas famílias com direitos e histórias diferentes, que mostram um município e um país segregados. A primeira sofre o drama das três irmãs indígenas A.C., J.C. e G.C., molestadas sexualmente por volta dos 12 anos. Incluídas em um programa de proteção à criança e ao adolescente, elas vivem em estado de pânico depois que seus algozes as ameaçaram de morte. "É um medo e uma dor que nunca acabam", relata G.C., já com 18 anos.

A outra família é a dos irmãos Marcelo Carneiro Pinto, Manuel Carneiro Pinto e Arimatéia Carneiro Pinto, prósperos comerciantes condenados em 2018 a penas que somam mais de 100 anos de prisão por estupro de vulnerável e exploração sexual praticada contra as três irmãs e outras meninas indígenas. Apesar de um dos irmãos, Marcelo, ter ameaçado as irmãs, os três recorrem da condenação em liberdade.

A história das duas famílias se passa em São Gabriel da Cachoeira, município a 852 quilômetros de Manaus (a vinte dias de barco), na região do Alto Rio Negro. Cerca de 90% de seus 45 mil habitantes são de origem indígena, divididos em 32 etnias que habitam uma área superior à de Portugal, na divisa do Brasil com a Colômbia e a Venezuela. Além do português, o município tem outros três idiomas oficiais: o nheengatu, o tukano e o baníwa.

Esse dado aparentemente pode indicar que as comunidades indígenas são respeitadas e prestigiadas no município. Mas a realidade é totalmente diferente: os índios, principalmente as meninas, adolescentes e mulheres, além de explorados, sofrem constantes humilhações por parte da minoria branca. Uma dessas situações teve como protagonista a Câmara Municipal de São Gabriel, que em maio de 2019 condecorou o comerciante Manuel Carneiro Pinto, mesmo ele tendo sido condenado a 29 anos de prisão por abuso sexual contra as meninas indígenas. O comerciante recebeu o título de Guardião da Fronteira da Cabeça do Cachorro.

"Foi uma afronta a toda a comunidade indígena, principalmente às famílias das meninas violentadas. Isso só comprova uma verdade histórica: somente os homens ricos e brancos merecem respeito no município", afirmou o presidente da Federação das Organizações Indígenas do Rio Negro (FOIRN), Marivelton Baré.

A cerimônia, revelada pelo site *Amazônia Real*, envolveu grupos conservadores locais.

O título dado ao comerciante foi entregue pelo vereador e militar reformado do Exército brasileiro Feliciano Borges (PROS), um dos articuladores da campanha, no município, do então candidato a presidente Jair Bolsonaro nas eleições de 2018. Detalhe: a homenagem foi sugerida pela Comissão dos Direitos da Mulher, presidida pela vereadora Jackeline Vieira Silva (PROS), que, a exemplo do prefeito, Clóvis Saldanha, conhecido como Clóvis Curubão (PT), defende a mineração em terras indígenas.

"O prefeito e essa vereadora, que defendem a mineração em terras indígenas, agem como colonizados [os dois são de origem indígena] e não representam o pensamento da maioria dos povos nativos", afirmou Marivelton.

A homenagem a Manuel, que chegou a ocupar uma vaga na Câmara, foi concedida um mês depois de o ex-vereador Aelson Dantas da Silva (PPR) ter sido condenado a 64 anos de prisão por estupro de vulnerável e exploração sexual de meninas indígenas. A sentença foi proferida pelo juiz Flávio Henrique Albuquerque de Freitas, designado pelo Tribunal de Justiça do Amazonas para julgar o caso, no mesmo processo em que os irmãos Carneiro Pinto foram condenados.

"O réu agiu com culpabilidade extremada à espécie, visto que este submeteu suas vítimas à conduta punida pelo ordenamento por quantias aviltantes, situação que somente foi passível de ocorrer em razão de as vítimas, então, possuírem reduzidíssimo grau de percepção da realidade, bem como extremada necessidade material", afirma o juiz na sentença. O argumento do juiz é baseado no depoimento de uma menina indígena que diz ter vendido a virgindade para o vereador em troca de R$ 20,00.

"Além das balas, ele me deu R$ 20,00. Depois que tudo aconteceu, tive vontade de morrer. Não tenho mais alegria", afirma a adolescente, que recebe tratamento psiquiátrico para cuidar de depressão.

Em sua sentença, o juiz afirma que o ex-vereador usava o cargo para aliciar meninas e amedrontar as vítimas e seus familiares.

"Há elementos nos autos que depõem contra o comportamento do réu em seu meio social, qual seja o exercício da prestigiosa atividade laboral de vereador, o que incute maior reprovabilidade de seu comportamento, dado que o representante do povo no município deveria portar correta e invejável conduta", afirmou o juiz.

Segundo ele, o ex-vereador "buscava construir uma rede de prostituição de menores em seu benefício, por meio da qual uma criança ou adolescente abusada passava a capturar novas potenciais vítimas".

As investigações sobre a rede de pedofilia que explorava meninas indígenas foram iniciadas pela Polícia Civil, com base na denúncia da missionária Giustina Zanato, ex-presidente do Conselho Municipal da Criança e do Adolescente, ao Conselho Tutelar de São Gabriel da Cachoeira. Na ocasião, a missionária coordenava um abrigo de meninas indígenas vítimas de violência, que acabou fechado devido à falta de recursos. Uma reportagem publicada pela repórter da *Folha de S.Paulo* Kátia Brasil, sobre o abandono de um inquérito que apurava a exploração de doze meninas indígenas, levou o procurador da República em Manaus Júlio Araújo a São Gabriel da Cachoeira.

Natural de São Paulo, Araújo contou que, mesmo antes de assumir o cargo de procurador da República em Manaus, costumava ir a São Gabriel da Cachoeira para visitar o amigo Pedro Yamaguchi Teixeira, filho do deputado Paulo Teixeira (PT-SP). Yamaguchi trabalhava como advogado na Pastoral Carcerária do município e morreu afogado em 2010, quando se banhava no Rio Negro.

"Quando voltei lá na terra que meu amigo havia escolhido para viver, fiquei chocado ao perceber que a exploração sexual das meninas indígenas era uma prática rotineira, que a população considerava como fato normal. As pessoas viam as meninas sendo aliciadas de dia, em frente a escolas e nas ruas da cidade, e achavam tudo normal", afirmou o procurador, que trabalha atualmente na Baixada Fluminense, no estado do Rio. Araújo acredita que a ação dos pedófilos era facilitada pelo isolamento do município, que não dispunha nem mesmo de promotores e juízes fixos.

Além de instaurar uma investigação interna, após ouvir o relato das vítimas e das testemunhas, Araújo solicitou a abertura de inquérito à Polícia Federal, com o argumento de que a exploração das meninas estava afetando a cultura indígena. O trabalho do procurador foi facilitado pela ação da missionária, que havia adquirido a confiança dos parentes das vítimas.

O esforço não foi em vão. Em 12 de maio de 2013, uma megaoperação da Polícia Federal, denominada Cunhatã ("menina", em tupi), resultou na prisão de uma rede de aliciadores e pedófilos na cidade. Foram presos durante a operação – que envolveu 46 agentes federais e até mesmo soldados do Exército –, além dos irmãos Marcelo, Arimatéia e Manuel, o empresário Agenor Lopes de Souza, o ex-vereador Aécio Dantas da

Silva, as cafetinas Adriana Lemos Vasconcelos e Maria Auxiliadora Tenório Sampaio e os funcionários públicos Artenísio Melgueiro Pereira, Hernane Cardoso Garrido e Moacyr Alves Maia.

As provas e os depoimentos colhidos pela PF e pelo Ministério Público trouxeram a público uma triste realidade de São Gabriel da Cachoeira. Aliciadas pelas cafetinas ou diretamente pelos pedófilos, meninas de 9 a 14 anos das aldeias Baré, Tukano e Wanano vendiam a virgindade em troca de alimentos, pequenos presentes ou até mesmo bombons.

"As meninas virgens e com idade inferior a 12 anos eram as mais procuradas e valorizadas. As adolescentes de 15 anos já eram consideradas velhas pelos ricos pedófilos", afirmou o delegado da PF Fábio Pessoa, que comandou a Operação Cunhatã.

As cafetinas e os pedófilos foram denunciados pelo Ministério Público e passaram a ser réus no processo por crimes de estupro de vulnerável, corrupção de menores e satisfação de lascívia mediante presença de criança ou adolescente.

Tão assustadores quanto esses crimes praticados são o *modus operandi* e o comportamento que os irmãos Carneiro Pinto passaram a adotar durante a fase de instrução do processo. Naturais do Ceará, os três irmãos, proprietários de uma rede de supermercados, lojas de material de construção e imóveis, eram considerados os principais empresários de São Gabriel da Cachoeira. Sob o comando de Marcelo, apontado como o mais truculento da família, eles se colocam acima da lei, agindo como se fossem os donos da cidade, e passaram, por isso, a ser chamados de "Irmãos Metralha" pelas lideranças dos povos indígenas da região.

Proprietário de um mercado que leva seu nome, Marcelo, que mora sozinho em um dos apartamentos do prédio que possui no Centro, começou a agir ainda mais sem temor ao ser posto em liberdade, em 17 de março de 2015, por decisão da desembargadora de plantão Encarnação das Graças Sampaio, que alegou "excesso de prazo" no pedido de prisão preventiva expedido pela Justiça de São Gabriel da Cachoeira.

Apelando para sua habitual truculência, Marcelo Carneiro passou a ameaçar de morte o jornalista Elcimar Freitas, pelo simples fato de ter noticiado o despacho da desembargadora em seu site. Em entrevista à agência de notícias Amazônia Real, o jornalista afirmou que seus parentes que moram em São Gabriel da Cachoeira também passaram a receber ameaças por telefone.

"O comerciante mandou avisar que seremos achados e mortos", disse Elcimar à Agência Amazônia Real, que se dedica à cobertura de temas sociais e direitos humanos em toda a Amazônia.

As meninas exploradas e seus parentes também começaram a ser ameaçados de morte por Marcelo, obrigando o procurador Araújo a incluí-las em um programa de proteção a testemunhas.

"Ele mandou me avisar que eu e minhas irmãs seríamos mortas se não parássemos de falar", afirmou uma das três irmãs abusadas pelos irmãos Carneiro Pinto.

A menina contou que passou a se relacionar com os três comerciantes depois que suas duas irmãs já haviam sido aliciadas por Marcelo. Isso tudo com o consentimento do pai, alcoólatra, que vendeu a filha em troca de bebidas e alimentos.

"Na primeira vez, eu tinha 12 anos e só tive de assistir à minha irmã manter relações sexuais com o Arimatéia. Quando chegou a minha hora, meu mundo desabou", lembrou.

O procurador Júlio Araújo explicou que muitos pais vendem as filhas depois de se tornarem miseráveis e alcoólatras, ao se mudarem das aldeias para as cidades.

"Ao contrário das aldeias, onde podem viver da pesca ou da cultura e contam com o apoio da comunidade, nas cidades acabam passando fome ou se tornando mendigos ou alcoólatras", disse.

O líder indígena Marivelton afirmou acreditar que muitos desses problemas seriam resolvidos se houvesse a melhoria das escolas nas aldeias, o que evitaria o êxodo dos índios para a cidade.

"Os índios vêm para a cidade para que seus filhos possam estudar e são obrigados a conviver com uma realidade nas áreas urbanas muito diferente e hostil do que estão acostumados", comentou Marivelton.

Duas semanas depois de o alvará de soltura ter sido cassado pelo próprio tribunal, Marcelo fugiu e se refugiou na garagem de um de seus prédios em São Gabriel da Cachoeira. Construído todo em concreto, o esconderijo do empresário fica a poucos metros da delegacia. Ele acabou preso novamente em setembro de 2015, por agentes federais.

Condenados, mas postos em liberdade para agir

Toda a sua truculência contribuiu para que Marcelo fosse condenado em setembro de 2018 a uma pena severa: 68 anos de prisão em regime fechado. Também foram condenados seus irmãos Arimatéia (42 anos de reclusão) e Manuel (29 anos), além do empresário Agenor Lopes de Souza (12 anos). Em 2019, foram condenados o ex-vereador e a cafetina Adriana.

Os outros réus (que não tinham advogados privados e estão sendo defendidos pela Defensoria Pública) ainda não foram julgados. O caso está nas mãos do juiz designado a São Gabriel da Cachoeira, Flávio Henrique Albuquerque de Souza. Uma decisão do Superior Tribunal de Justiça (STJ) transferiu o processo da Justiça Federal para a Justiça Estadual, sob o argumento de que a violência contra as meninas não ocorreu em terras indígenas.

Paradoxalmente, a decisão da Justiça, em vez de punir definitivamente os réus, que estavam presos em Manaus, acabou livrando-os das grades. Sob o argumento de que os quatro empresários eram réus primários e que durante grande parte da instrução processual estavam soltos, o juiz concedeu aos condenados o direito de recorrer da sentença em liberdade, até serem julgados em segunda instância pelo Tribunal de Justiça do Estado.

A decisão da Justiça provocou um clima de medo e revolta entre as vítimas e moradores do município.

"Isso é no mínimo brincadeira, porque as vítimas estão sob ameaças, e, pelo que sabemos, os condenados continuam soltos", afirmou o chefe do posto da Fundação Nacional do Índio (Funai), Jackson Abrão Duarte. Descendente dos índios tukano, o administrador da Funai conta que o abuso contra crianças indígenas continua sendo uma prática corrente, devido à ausência do Estado no município.

"Temos 32 povos indígenas na cidade e a Polícia Federal conta com um efetivo de apenas uma pessoa para resolver essa e outras questões indígenas. E a Justiça dispõe apenas de juízes temporários", disse Jackson.

Empossada em 2016, a delegada titular do município, Rosilene Gleice Santiago, sem citar casos específicos, confirmou que o abuso sexual contra as meninas indígenas continua sendo uma prática rotineira. No entender da delegada, o combate à prostituição infantil é dificultado pela ausência de uma campanha de esclarecimento e pelo isolamento das aldeias indígenas, o que dificulta o acesso do pouco efetivo policial.

As ameaças às famílias das vítimas de abuso sexual também atingiram a freira missionária, que travava uma batalha solitária para proteger as meninas indígenas. Ela teve de ser transferida para Moçambique, na África.

"Fui visitá-la na África. Ela me disse que se sente feliz por sua denúncia ter dado resultado, mas que gostaria de poder estar aqui para dar prosseguimento ao trabalho", disse o procurador Araújo.

Os membros do Conselho Tutelar do município também se sentem ameaçados.

"Até a casa de vítimas já foi invadida. Tentamos fazer nosso trabalho, que não é pouco, mas como não ter medo se os principais acusados são pessoas poderosas da cidade, que compram todo mundo, e estão soltos?", perguntou um conselheiro tutelar, que pediu para não ter seu nome revelado por correr risco de morte.

Além das ameaças, outro fantasma voltou a assombrar o município: o grande número de suicídios nas comunidades indígenas. Os pais e as lideranças indígenas estão preocupados. Eles temem que a depressão possa levar as meninas indígenas a se matar.

De acordo com levantamento da Fiocruz e do IBGE, cerca de 67% dos índios sofrem de depressão e transtornos psíquicos na região do Alto Rio Negro.

"Suicídios são rotina em São Gabriel da Cachoeira", afirma a psicóloga Naira Marques, que durante os anos de 2015 e 2016 foi designada pelo Conselho da Criança e do Adolescente para auxiliar a Polícia Federal dentro da Rede de Proteção à Criança e ao Adolescente, em São Gabriel da Cachoeira.

Segundo a psicóloga, a maior parte dos índios se torna alcoólatra ao tentar enfrentar a vida nas cidades, o que lhes acaba provocando depressão.

"Cerca de 15% dos índios, em média, cometem suicídio. Nos adultos, a depressão começa com o alcoolismo, mas há grande percentagem entre crianças e adolescentes. É claro que uma simples depressão ou pânico, causado por um trauma, é mais fatal entre os índios, que não sabem lidar com isso. Para eles, a depressão e outros problemas psíquicos vêm de Deus e de outros seres místicos."

O alto índice de suicídios em São Gabriel da Cachoeira foi confirmado por uma pesquisa da Secretaria Geral da Presidência da República, divulgada em 2016. O estudo apontou que somente no ano de 2012 ocorreu uma média de 51,2 suicídios para cada 100 mil pessoas, número que representou dez vezes mais do que a média nacional. O estudo revelou que 68 das 73 pessoas que praticaram suicídio na região, no período de 2012 a 2014, eram indígenas.

Autora do livro *De volta ao Lago de Leite*, que mostra as transformações das mulheres indígenas no Alto Rio Negro, a antropóloga Cristiane Lasmar afirmou ter ficado assustada com o alto índice de suicídios na área: "Era muito suicídio. Certamente, a violência sexual contra as crianças e adolescentes e outras vítimas contribui para as estatísticas".

A antropóloga afirma acreditar que toda essa violência é provocada pela ausência do Estado na região: "A ausência do poder público resulta na impunidade, o que contribui para esses crimes".

Em seu livro, apresentado como tese de doutorado, Cristiane relatou a preferência das mulheres indígenas em se casarem com homens brancos. Um dos fatores que justificariam essa preferência seria o fato de os índios serem discriminados no mercado de trabalho.

"As índias acreditam que ao se casarem com um homem branco terão uma vida mais estável", disse.

De acordo com a antropóloga, a violência sexual contra as adolescentes e mulheres indígenas teria se iniciado no final da década de 1970, quando ocorreu a primeira grande ocupação urbana do município. Em 1968, o regime militar, por meio do Ato Institucional Número 5 (AI-5), classificou a região como Área de Segurança Nacional. A decisão motivou a chegada de militares do 1º Batalhão de Engenharia de Construção do Exército e de operários das empresas Queiroz Galvão e EIT (Empresa Industrial Técnica), contratadas para construir a rodovia Perimetral Norte (BR-210).

"Ouvi vários relatos de índias que, quando ainda jovens, eram levadas para as construções, onde sofriam abuso, ou seja, eram estupradas em grupo", afirmou.

Diante da homenagem da Câmara Municipal a um condenado por abuso sexual contra meninas indígenas, a antropóloga afirmou acreditar que pouca coisa mudou. "Foi uma homenagem bizarra, uma afronta às mulheres e a toda a comunidade indígena. Não devia ser homenageado pelo simples fato de ser acusado de ter aliciado as meninas. Mas a situação é ainda mais grave ao nos depararmos com o fato de que se trata de um condenado pela Justiça", disse a antropóloga, que passou quase vinte anos na região de São Gabriel da Cachoeira.

CAPÍTULO 13

Juiz monta bordel em fórum para explorar sexualmente meninas e adolescentes

Aliciadas em colégios públicos, meninas e adolescentes eram levadas ao TRT de Tefé (AM) para atender a desejos sexuais do juiz Antônio Carlos Branquinho

Uma cama de casal rodeada de espelhos e com câmeras para filmagem poderia indicar a descrição de um bordel desses grotões na Amazônia, se não tivesse sido instalada nos fundos de uma repartição pública federal: um apartamento funcional do Tribunal Regional do Trabalho (TRT) em Tefé, município com cerca de 70 mil habitantes, a 520 quilômetros de Manaus.

Era nesse local, aonde só é possível chegar de barco ou de avião, que o juiz titular do Trabalho, o então sexagenário Antônio Carlos Branquinho, costumava levar, para encontros íntimos, meninas da Escola Estadual Frei Andrade da Costa, aliciadas com a ajuda de funcionários da própria Justiça. "Tio Branquinho", como era chamado por alunas da escola pública, compartilhava da mesma obsessão doentia de políticos, empresários e outros cidadãos já citados neste livro: a da violência criminosa da iniciação sexual de meninas.

Suas armas eram o poder e notas de R$ 10,00 e R$ 50,00 usadas para comprar o sexo dessas meninas e adolescentes. O juiz apresentava outros traços comuns em pedófilos. Em casa, mantinha a família em rígido regime patriarcal, em que a mulher e os filhos eram obrigados a obedecer às ordens do chefe da família. Fora dela, Branquinho mantinha excelente convívio social e o status de poder que o ajudava a encobrir seus crimes contra crianças e adolescentes.

A certeza da impunidade era tanta que o juiz não tinha nem mesmo o cuidado de apagar fotos e filmes produzidos por ele mesmo ou por suas vítimas na cama instalada no apartamento funcional do TRT. Pelo contrário, Branquinho gostava de compartilhá-las em uma rede de pedófilos na internet. As imagens são chocantes.

Numa das fotos, o juiz estampa seu olhar cínico ao tocar os seios de uma adolescente de 13 anos. As imagens foram apreendidas pela Polícia Federal em dezembro de 2010, em Manaus. O material embasou a segunda prisão de Branquinho, cujos crimes começaram a vir à tona em 2004, quando uma moradora de Tefé enviou um e-mail ao TRT em Manaus para denunciar o envolvimento do magistrado com uma rede de prostituição infantil.

Antes dessa denúncia, a mulher havia encaminhado ao Ministério Público Federal (MPF) fotos de Branquinho ao lado de crianças. Como o juiz tinha foro privilegiado, as investigações foram centralizadas no Tribunal Regional Federal da 1ª Região (TRF-1), em Brasília. Uma equipe de procuradores e policiais federais deslocada para Tefé localizou um funcionário da Justiça que confirmou a denúncia.

"O Tribunal era um verdadeiro bordel, que envergonhava a cidade. As meninas eram recrutadas por funcionários da própria Justiça, a mando de Branquinho, que andava armado como um gângster. Isso não o impedia de frequentar festas sociais da elite do município", contou o mesmo funcionário, hoje aposentado, que pediu para não ser identificado.

Ao prestar depoimento ao desembargador Carlos Olavo, relator do caso no TRF-1, Branquinho confirmou a autenticidade das fotos. Mas, apesar de as imagens deixarem claro que as vítimas eram crianças, o juiz deu uma desculpa inusitada: "As meninas, ao que sabia, eram maiores de idade".

Cinco dias depois de prestar depoimento, "Tio Branquinho" estava solto. Nem por isso esqueceu seus velhos hábitos. Apesar de saber que estava sob investigação, ele escondia em sua casa uma coleção de 600 fotos de meninas com idades variadas. Devia agir assim por acreditar que, devido à sua posição, nem mesmo as investigações da PF seriam capazes de interromper suas ações criminosas.

Nada parecia imoral para o juiz. Algumas das fotos mostram que meninas indígenas e adolescentes grávidas eram alcançadas pelas garras dele.

O magistrado se mostrou mais uma vez impassível diante das acusações ao ser ouvido pela CPI do Senado aberta para apurar a prostituição infantil no país. Perguntado pelo presidente da CPI, o então senador Magno Malta (PR), se não tinha vergonha de, como homem público, ter tido relações íntimas com meninas indígenas e adolescentes grávidas, Branquinho se recusou a responder. Apenas folheou um álbum com 1.500 fotos que lhe fora entregue pelo senador. "Isso foi pura vingança de um funcionário que não foi promovido", argumentou o juiz.

Nas fotos, "Tio Branquinho" aparecia acompanhado de pessoas influentes no Amazonas em "festinhas" com estudantes. Animados por Branquinho, de cueca e com bigode e cabelos molhados, os convidados ilustres dançavam, cantavam e faziam trenzinho com as meninas. Mas as fotos, apreendidas pela PF, deixam claro que o objetivo final do magistrado e de seus convidados era outra: o contato íntimo com as estudantes.

"Esses amigos do juiz têm de ser presos", disse Malta ao ver as fotos.

Apesar dessas imagens e do apelo do senador, nenhum desses companheiros de festa foi preso. A pedido do MPF, três funcionários do TRT, que teriam facilitado a ação do juiz, foram absolvidos por falta de provas.

Branquinho não teve a mesma sorte. O magistrado foi condenado a um total de 34 anos de prisão e a pagar uma multa de R$ 1 milhão. O ex-juiz cumpre pena em um presídio em Manaus.

A sentença foi confirmada em 2017 pelo Superior Tribunal de Justiça (STJ), pelos crimes de venda ou exposição à venda de fotografia, filme ou registro de cena de sexo explícito ou pornografia envolvendo criança ou adolescente. O crime está previsto no artigo 241 do Estatuto da Criança e do Adolescente (ECA), confirmando o entendimento do Judiciário em primeira instância – isso mesmo, além de abusar sexualmente de crianças e adolescentes, o magistrado conseguia ainda ganhar dinheiro ao vender ou trocar as imagens das vítimas nuas na rede de poderosos pedófilos na internet.

Uma condenação bem menos severa havia sido aplicada pelo TRT: aposentadoria compulsória, pena máxima permitida em casos envolvendo magistrados. O MPF, em uma ação de improbidade administrativa, conseguiu cassar a aposentadoria de Branquinho e suspender o pagamento de salários e outros benefícios a partir de 2012.

Apesar de ter sido condenado pela Justiça, até hoje as estudantes abusadas sofrem com a dor e as sequelas provocadas pelos atos do "Tio Branquinho".

"Eu nunca consegui arrumar um relacionamento sério. Outras meninas caíram na vida. As marcas da crueldade desse juiz estão estampadas por todo lado da cidade", afirmou uma das vítimas do juiz, já com 24 anos, que pediu para não ser identificada. Ela contou que, a exemplo de outras crianças pobres da cidade, fora introduzida ao mundo da prostituição pelos próprios pais. "Infelizmente, esse monstro destruiu nossas vidas", disse.

O juiz Branquinho não é o único magistrado do país acusado de molestar sexualmente crianças ou adolescentes. A denúncia se torna ainda mais chocante quando o réu, condenado por um Tribunal de Justiça, é um juiz que ocupava o cargo criado justamente para proteger as crianças: a Vara da Infância e da Juventude.

No ano de 2013, por unanimidade, o Tribunal de Justiça do Mato Grosso (TJMT) condenou a se aposentar compulsoriamente, pelo crime de pedofilia, o ex-juiz da Vara da Infância e da Juventude da comarca de Paranatinga (MT) Fernando Márcio Salles. A sentença, por unanimidade, é apontada como pena máxima na área administrativa. Segundo a Lei Orgânica da Magistratura, cabe a aposentadoria compulsória ao juiz que agir de forma negligente ou proceder de forma incompatível com a

PODEROSOS PEDÓFILOS

dignidade e a honra de suas funções. Apesar de ser considerada a pena na área administrativa, a lei, que não prevê prisão para os réus, provoca polêmica nos meios jurídicos, visto que os condenados continuam recebendo seus vencimentos proporcionalmente.

O caso foi investigado pela Polícia Federal, que instaurou inquérito com base no depoimento de uma testemunha à CPI da Pedofilia no Senado.

Em depoimento à PF, três supostas vítimas, com idades de 10, 12 e 15 anos, acusaram o juiz de tentar aliciá-las sexualmente em 2008, em troca de aparelhos celulares. Segundo uma das vítimas, o juiz teria tentado colocar a mão dentro da roupa dela. O juiz sempre negou as acusações. Durante o julgamento no Tribunal de Justiça, a defesa do juiz pediu o arquivamento do processo, sob o argumento de que o direito amplo de defesa não estava sendo aplicado.

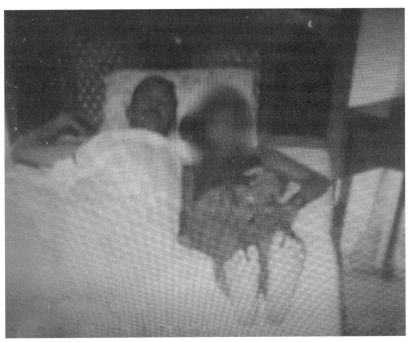

Branquinho costumava fotografar os encontros na cama, no apartamento funcional do TRT de Tefé. Material foi apreendido pela polícia no apartamento do magistrado em Manaus.

CAPÍTULO 14

Em Coari, royalties do petróleo financiam a pedofilia

Prefeito de Coari, Adail Filho, é acusado pelo Ministério Público Federal de usar recursos do município para abafar casos de pedofilia do pai, o ex-prefeito Adail Pinheiro, condenado por exploração sexual de crianças e adolescentes

Ao ser eleita no pleito de 2018 com mais de 50 mil votos, a deputada estadual mais votada no Amazonas, a médica dermatologista Mayara Pinheiro (PP) dedicou a vitória a seu pai, que havia coordenado sua campanha. Após a vitória nas urnas, a deputada defendeu a participação das mulheres em cargos públicos e prometeu lutar contra a prostituição infantil no estado.

"Gostaria de agradecer à minha família, a meu pai. Vivemos esses sonhos juntos, e graças à experiência dele, tudo se tornou mais leve", disse Mayara nas redes sociais.

Uma pessoa desatenta à história política do estado e às páginas dos jornais pode ficar com a impressão de que Mayara é uma militante do movimento feminista e membro de uma família que tradicionalmente luta pelos interesses das mulheres, das crianças, dos índios e dos moradores pobres do estado.

A história não é bem essa. Uma das militantes mais ativas do então candidato à Presidência Jair Bolsonaro nas eleições de 2018, Mayara deixou de acrescentar um detalhe ao currículo político da família: o pai reverenciado é o ex-prefeito de Coari Adail Pinheiro (PP), condenado em 2014 a onze anos e oito meses de prisão sob a acusação de comandar uma rede de exploração de crianças e adolescentes. De acordo com os autos do processo, essas meninas e adolescentes, com idades entre 9 e 14 anos, eram compradas como objetos de prazer com recursos desviados da prefeitura. O pai da deputada respondia ainda a três processos por estupro de vulnerável e exploração de crianças e adolescentes.

Além disso, Adail Pinheiro já foi condenado em dois processos por corrupção e desvio de recursos públicos e respondia a outros pelos mesmos crimes.

O nome da médica não seria citado aqui se a vida pública dela não se confundisse com a história política do pai. Depois de Adail Pinheiro ter sido destituído do cargo de prefeito pelo Supremo Tribunal Federal (STF) em 2014, por corrupção e compra de votos, a médica foi escolhida para, ao lado do irmão, Adail Filho, dar continuidade ao domínio político da família em Coari.

Em 2016, numa chapa de puríssimo sangue, Adail Filho e Mayara foram eleitos prefeito e vice-prefeita de Coari, com uma missão nada impossível: administrar a arrecadação mensal de recursos – na época, de R$ 50 milhões. A maior parte da bolada vinha dos *royalties* pagos pela Petrobras, que explora um poço de petróleo e de gás no município. Com tanto dinheiro jorrando dos poços de petróleo, Coari, município a 360 quilômetros de Manaus, ostenta o segundo maior PIB do estado.

Mas, para o Ministério Público Federal e o juiz da 2ª Vara Federal Criminal do Amazonas, Marlon de Souza, que condenou o ex-prefeito Adail Pinheiro a 57 anos de prisão, no dia 4 de dezembro de 2018, por corrupção ativa e estelionato, todo esse dinheiro não levava benefícios para a maior parte dos 76 mil habitantes do município.

"Os atos criminosos resultaram na queda de qualidade de vida e no baixo Índice de Desenvolvimento Humano (IDH)", registrou o juiz na sentença.

Além do ex-prefeito, a Justiça condenou vinte pessoas, funcionários da prefeitura, entre os quais está o irmão de Adail Pinheiro, Carlos Eduardo Pinheiro, que recebeu uma pena de 42 anos de prisão.

"O réu (Adail Pinheiro) valia-se de um esquema de falsificação para a prática de delitos, sendo o autor intelectual das falsificações", afirmou o juiz.

A tese do juiz de que os desmandos do prefeito causavam prejuízos à população pode ser comprovada por todos os cantos da cidade. No mês de junho de 2019, os telefones do Conselho Tutelar haviam sido cortados devido à falta de pagamento; as ruas estavam totalmente tomadas por lixo e buracos; e os barcos piratas que trafegam pelo Rio Solimões amedrontavam os moradores do município. O alvo dos piratas, que se esconderem nas ilhas do município, são principalmente as embarcações que transportam combustíveis e alimentos para as cidades às margens do rio. Nem mesmo os barcos de quadrilhas internacionais de droga, que trazem cocaína da Colômbia para o Brasil, estão livres do ataque de piratas. A droga roubada é vendida livremente nas ruas de Coari. A ação desses criminosos é facilitada pelo isolamento do município, que está a cerca de 14 horas de barco de Manaus.

Recursos públicos usados para abafar casos

Natural de Brasília, o promotor de Justiça de Coari, Weslei Machado, apontou outro destino para os recursos da prefeitura. Parte da dinheirama estaria sendo usada pelo prefeito Adail Filho para abafar os casos de pedofilia e prostituição infantil atribuídos ao pai, Adail Pinheiro.

"O prefeito empregou na prefeitura meninas violentadas para que elas mudassem o depoimento contra o pai dele", afirmou Machado.

O promotor citou o caso do tio de uma das vítimas, que recebeu a título de dívida uma verba de R$ 150 mil da prefeitura. Em troca, o tio teria convencido a sobrinha a desmentir o próprio depoimento, que havia prestado à Justiça e ao Conselho Tutelar.

"O negócio é tão escancarado que o tio não precisou nem mesmo seguir o protocolo, de entrar na fila dos precatórios. Recebeu a grana à vista", disse o promotor.

De acordo com documentos levantados pela Promotoria de Justiça, o dinheiro para comprar o silêncio é obtido por meio de esquema de fraude de licitações que desviam recursos do município. Os papéis mostram que cerca de R$ 32 milhões, 10% do faturamento do município, foram destinados em 2011 a uma única empresa para locação de máquinas pesadas e construções: a BR Construtora. A empresa é de propriedade de Rafael Góia, amigo do então prefeito Adail Pinheiro. Há indícios de fraude na licitação para favorecer a BR Construtora e outras empresas do círculo de amizades do ex-prefeito, que passaram a centralizar as verbas públicas logo após Adail Filho ter tomado posse.

"As obras, inacabadas, foram terceirizadas por um quarto do valor do contrato. E o pior é que os funcionários pobres da região vieram aqui no município para dizer que tinham levado cano", afirmou o procurador Machado.

Os processos contra o ex-prefeito pedófilo acabaram provocando uma guerra entre o Ministério Público, o prefeito Adail Filho e o juiz da primeira instância da comarca do município, Fábio Lopes Alfaia, acusado de manter vínculos de amizade com a família Pinheiro. Numa decisão polêmica, o juiz determinou o afastamento do promotor de todos os processos contra o prefeito.

Apoiado por um grupo de promotores de Justiça do Estado, Machado ingressou com 22 processos de suspeição contra o juiz no Tribunal de Justiça (TJ-AM). As denúncias contidas nesses processos são cabeludas. Machado acusa o juiz Alfaia de tê-lo procurado em seu gabinete para que desistisse das denúncias contra o prefeito.

"O juiz queria me convencer de que há coisas mais importantes, como o combate ao crime organizado, para me preocupar", afirma Machado.

E mais: o Ministério Público acusa o juiz Alfaia de receber um "mensalinho" de R$ 80 mil para arquivar os casos envolvendo o prefeito. Em sua defesa, o juiz, que recebeu por recomendação de familiares do prefeito o título de Cidadão do Município, nega o laço de amizade com a família Pinheiro e o recebimento da propina.

Ao se defender das acusações, o prefeito acusou o promotor e funcionários públicos do Tribunal de Contas do Estado (TCE) de terem tentado extorqui-lo. A acusação provocou a revolta da cúpula do Ministério Público, que, após inocentar Machado em uma investigação, resolveu criar uma força-tarefa para apurar todas as acusações contra o prefeito de Coari.

"Tenho bons procuradores aqui no Amazonas. Mas queria ter pelo menos uns cem iguais ao Weslei Machado, que apura, investiga e denuncia sem medo", afirmou a procuradora-geral de Justiça do Amazonas, Leda Mara Nascimento Marques, que foi a Coari em agosto de 2019 para anunciar a criação da força-tarefa, composta por seis procuradores, coordenados pelo próprio Machado.

O promotor contou que começou a ter problemas logo após ter sido transferido para a comarca do município. Na ocasião, a cidade estava dividida em relação à inocência do ex-prefeito, que cumpria pena num presídio de Manaus por estupro de vulnerável e exploração sexual de crianças e adolescentes.

Enquanto aguardava o desfecho da briga com o juiz, Machado, por medida de segurança, despachava em outro município, a mais de 800 quilômetros dos domínios da família Pinheiro. Ameaçado de morte, o promotor retornou a Coari em agosto de 2019 sob forte escolta policial, mas a mulher e seus dois filhos ficaram em Manaus.

Essa guerra entre o juiz, o prefeito e o promotor é apenas um dos imbróglios judiciais dos processos em que Adail Pinheiro é acusado de comandar uma rede de prostituição infantil e de corrupção. Desde meados dos anos 2000 o ex-prefeito vem sendo investigado por denúncias de exploração sexual de crianças e adolescentes. Chegou a depor e a ser citado no relatório da Comissão Parlamentar de Inquérito (CPI) aberta no Senado para apurar os casos de pedofilia no país. Em 2008, durante a Operação Vorax, desencadeada pela Polícia Federal, que detectou um desvio de R$ 50 milhões dos cofres do município, surgiram as primeiras provas de que ele integrava uma rede de exploração de prostituição infantil no município.

Mas foi em 2014 que o prefeito começou a sentir o peso de seus atos praticados contra as meninas. Uma reportagem da Rede Globo, exibida no programa *Fantástico* em 19 de janeiro desse ano, trazia histórias de meninas de 9 a 11 anos, gravadas pelo Conselho Tutelar ou pela própria emissora, que diziam ter sido violentadas sexualmente pelo prefeito Adail Pinheiro.

"Eu tinha 9 anos. E a minha mãe cozinhava no barco. Eu ficava lá brincando, enquanto minha mãe estava trabalhando. Ele me estuprou dentro do barco mesmo, entendeu? Eu fiquei muito envergonhada, com vergonha, nunca consegui colocar isso para fora. Hoje em dia, ele quer a minha filha", contou uma menina de 11 anos à repórter do *Fantástico* Giuliana Girardi.

A reportagem descreveu ainda a inacreditável história de uma adolescente de 13 anos cuja virgindade estava sendo vendida por R$ 2 mil para intermediários da prefeitura pela própria mãe. A virgindade da menina seria oferecida de brinde ao ex-prefeito numa festa de *réveillon*. Apesar de ter sido espancada pela mãe, a menina não compareceu ao encontro. Fugiu para a casa de parentes em Brasília.

Em vídeo gravado por membros do Conselho Tutelar do município, um ex-motorista particular do prefeito Adail, Osglébio da Gama, conhecido como Canarana, detalhou pagamentos com recursos públicos a uma das meninas após os encontros íntimos com o então prefeito. "Foi dada muita coisa para ela, comprada muita coisa: máquina, celular caro. Eu que entregava para ela. Sempre eu levava dinheiro para ela: R$ 5 mil, R$ 6 mil", conta.

Na gravação, o ex-motorista, com simplicidade, se arrisca, baseado em sua experiência, a traçar um perfil psicológico de Adail Pinheiro: "O Adail é doente. Ele não é um cara assim de tesão. Porque nós vemos uma mulher bonita, a gente fala: 'Olha aquela gata ali'. Ele não, é carne de pescoço para ele. Ele quer saber daquelas menininhas novinhas", disse o ex-motorista.

Na época da veiculação dessas entrevistas, as denúncias haviam acabado de chegar ao Ministério Público, que instaurou três novos processos contra Adail Pinheiro. Com a repercussão da reportagem, ele acabou sendo condenado a onze anos de prisão por pedofilia em outro processo que já estava em trâmite na Justiça.

O ex-prefeito ficou menos de três anos preso por esse processo. A pena foi extinta em 24 de janeiro de 2017 pelo juiz da Vara de Execuções Penais Luís Carlos Valois, com base no artigo 3º do Decreto nº 8.940/16, assinado pelo presidente Michel Temer em 12 de dezembro de 2016. O decreto beneficiava condenados até doze anos de prisão que tivessem cumprido pelo menos um quarto da pena e apresentassem histórico de bom comportamento no sistema carcerário. Um mês depois, a anistia foi derrubada por decisão da desembargadora Carla Reis, do Tribunal de Justiça, que determinou que o ex-prefeito cumprisse o restante da pena em regime domiciliar, sendo monitorado por tornozeleira eletrônica.

Quando era prefeito, por ter foro privilegiado, Adail Pinheiro respondeu pelas acusações de crimes de pedofilia na segunda instância, no Tribunal de Justiça do Amazonas (TJ-AM). Em 2014, com a cassação de seu mandato pelo STF, tudo voltou para a Vara de Justiça de Coari. Em vez de prejudicá-lo, a transferência acabou beneficiando o ex-prefeito. Mais adiante, os advogados de Adail Pinheiro conseguiram trancar na Justiça o principal processo de pedofilia – aquele com as histórias sobre meninas levadas ao ar pelo *Fantástico*.

"Os advogados do prefeito conseguiram invalidar os depoimentos das vítimas e das demais testemunhas, dizendo que eles tinham de ser tomados na primeira instância, onde o processo passou a tramitar. O problema é que a maior parte das meninas e seus parentes já foi comprada pelo atual prefeito para mudar o depoimento", afirmou o promotor Weslei Machado.

Uma das únicas vítimas a manter seu depoimento foi a adolescente que fugiu para Brasília.

"Por tudo que passei, me sinto hoje forte para colocar esse psicopata na cadeia. Não vai acabar com toda a dor, mas vai ajudar pelo menos a diminuir", conta a menina, que mora, estuda e trabalha em uma cidade-satélite de Brasília.

O promotor recorreu da decisão no Tribunal de Justiça do Amazonas. As investigações do Ministério Público estariam sendo dificultadas pelo juiz, que se recusaria a enviar os autos do processo para a segunda instância.

Além da condenação pela Justiça Federal, Adail Pinheiro já recebeu outra sentença da Justiça para cumprir onze anos em regime fechado. A condenação pelos crimes de peculato e desvio de recursos públicos foi confirmada pela segunda instância. O entendimento do STF para esses casos na época era que o réu passasse a cumprir a pena em regime fechado. Mas, diferentemente do que se passou com o ex-presidente Luiz Inácio Lula da Silva, por exemplo, também condenado em segunda instância, Adail sempre cumpriu essa pena em regime domiciliar.

Pelo menos, para alívio das meninas e adolescentes pobres de Coari, o ex-prefeito, em prisão domiciliar em Manaus, está proibido de se deslocar para o município. Apontado como o líder de um clube de playboys da cidade, o atual prefeito tem outro problema com a localidade. Adail Filho responde a um processo de improbidade administrativa por não comparecer regularmente ao expediente de trabalho. Quando não está em Manaus, o filho do ex-prefeito pedófilo aparece nas redes sociais em viagens pelo exterior. Ao município de Coari, ele dedica em média dois dias por mês de seu precioso tempo. Na ausência do filho, os homens de confiança do pai continuam administrando a dinheirama do petróleo com mãos de ferro. Os integrantes e aliados da família Pinheiro fundaram, nas eleições de 2018, o comitê de apoio ao então candidato Jair Bolsonaro. O comitê conseguiu eleger Mayara deputada estadual, mas o presidente perdeu a eleição no município para Fernando Haddad, que obteve 68% dos votos válidos no segundo turno.

A irmã do prefeito também está na mira da Polícia Federal e do Ministério Público. Com base em um vídeo apreendido pela PF, o Ministério Público abriu investigação contra a deputada e seu pai. No comício realizado nas eleições de 2018 em Coari, a candidata mostra um vídeo em que o pai pede votos para ela. No entender da PF e do Ministério Público, Adail Pinheiro, condenado por corrupção ativa e estelionato, está impedido de participar de campanhas por ter tido os seus direitos políticos suspensos. Em nota à imprensa, a deputada disse que não foi ilegal a participação de seu pai na campanha.

No dia 31 de janeiro de 2020, o Tribunal de Justiça do Amazonas derrubou as medidas cautelares que obrigavam o ex-prefeito Adail a se manter longe de Coari, das vítimas e das testemunhas. Em fevereiro, Adail foi recebido por um grupo de familiares e simpatizantes. "O retorno do meu pai depois de seis anos foi recebido calorosamente pelos moradores do município", manifestou-se a deputada Mayara no Facebook.

CAPÍTULO 15

Presidente do Tribunal de Contas do Amapá é gravado pela PF ao revelar compra de virgindade de menor

Investigado pela Polícia Federal por desvio de verbas públicas, o ex-presidente do Tribunal de Contas é flagrado em grampo ao relatar a compra de uma menina de 14 anos. Ele acabou inocentado do crime de pedofilia

Dia 26 de maio de 2013. O telefone toca no gabinete do presidente do Tribunal de Contas do Estado do Amapá (TCE-AP), José Júlio de Miranda Coelho. Sem saber que seu telefone está grampeado pela Polícia Federal, que investiga um megaesquema de corrupção no órgão encarregado de fiscalizar o dinheiro público, Miranda não faz rodeios para revelar suas fantasias com meninas ao falar com uma mulher que lhe pede dinheiro.

Sem o menor pudor, a mulher cobrava uma mesada em troca de favores sexuais oferecidos por suas filhas: duas adolescentes, de 14 e 17 anos.

Mulher – *Deixa eu falar uma coisa: aquele dinheiro do banco que você depositava para mim e para a C. [a menina de 17 anos], né? Aí sobra (sic) R$ 2.000,00 para mim e R$ 1.500,00 para a C. E aí o senhor deu R$ 2.000,00 para a C. e tirou os meus R$ 500,00. Sabe que eu pago empregado, que eu pago energia.*

Miranda – *Todo mês eu vou depositar os R$ 2.500,00. Na segunda-feira, eu deposito os R$ 500,00 que está faltando (sic).*

Acertados os detalhes do pagamento, as gravações da PF mostram o maior interesse do presidente do TCE: J., a menina de 14 anos. Miranda dá a entender que tirou a virgindade da adolescente.

Miranda – *Agora passa para o amor da minha vida.*

Menina de 14 anos – *Oi.*

Miranda – *Oi, linda, tudo bem?*

Menina – *Tudo.*

Miranda – *Sonhei com você esta noite.*

Menina – *Foi?*

Miranda – *Foi um sonho lindo, fazendo amor contigo. Melhor ainda porque naquele dia foi show. Naquele dia.*

Menina – *Foi, né?*

Miranda – *Na última vez, quando você realmente virou mulher, sabia? Foi uma loucura, uma loucura. E, atendendo o seu pedido, vou botar R$ 1.000,00 na conta da sua mãe. Tá certo? Tá beleza?*

Menina – *Boa noite.*

Miranda – *Te amo, te amo, te amo. Na quarta, te ligo pra gente sair. Tá?*

O relatório com a gravação da conversa de Miranda com a menina foi encaminhado pela Polícia Federal ao Superior Tribunal de Justiça (STJ). De acordo com o inquérito, o pagamento prometido foi efetuado no dia 30 de maio de 2013 por um funcionário do TCE. A PF identificou os nomes da mãe e das meninas; os extratos foram anexados ao processo.

"Os fatos narrados mostram que o presidente do TCE-AP, Júlio Miranda, mantém relacionamento amoroso com J., menina de apenas

14 anos de idade, contando com a aquiescência da mãe, que, conforme os diálogos, tem contrapartida financeira", afirmava o relatório da PF.

Apesar disso, Miranda acabou sendo absolvido no processo sobre o abuso, mas condenado no de desvio de recursos públicos.

A gravação, anexada a inquérito da Polícia Federal sobre o esquema de corrupção no governo do Amapá, levou o núcleo de jornalismo investigativo da Rede Record ao estado. Além de mim, participaram da reportagem o produtor Lumi Zúnica e o repórter Luiz Carlos Azenha.

Durante quase um mês de investigação, descobrimos que a corrupção e a exploração sexual de crianças caminhavam juntas no estado. Além de saquear os cofres públicos, o presidente do TCE era acusado de comandar de dentro do tribunal um esquema de exploração de meninas e meninos com a participação de diretores de alto escalão do órgão público. As vítimas dos poderosos pedófilos eram aliciadas com mesadas, drogas ou mesmo simples passeios de carro.

O esquema de corrupção do TCE foi descoberto pela Operação Mãos Limpas, da Polícia Federal. Foram apreendidos numa garagem climatizada na casa de praia de Miranda, em João Pessoa (Paraíba), cinco carros de luxo, entre os quais um Ferrari e um Maserati. Num aeroporto de Belo Horizonte, a PF descobriu que Miranda mantinha um jatinho Learjet, avaliado em R$ 10 milhões. A polícia apreendeu ainda grande quantidade de dinheiro e armas na casa de praia de João Pessoa.

De acordo com relatório do Coaf (órgão de inteligência financeira do governo federal), Miranda efetuou, durante um período de dez meses, saques no valor total de R$ 100 milhões das contas do TCE-AP por meio de uma rede de laranjas e empresas de fachada. Cada saque girou em torno de R$ 3 milhões.

Miranda, que nunca justificou o motivo dos saques nas contas do Tribunal de Contas, ocupava cargos importantes no estado desde a década de 1970. Antes de ser nomeado como conselheiro do TCE-AP, foi prefeito de Macapá, secretário de Segurança Pública, deputado estadual e presidente da Assembleia Legislativa. Ele foi acusado pela PF de usar parte desse dinheiro para pagar sexo com crianças.

Além de Miranda, a PF prendeu 17 autoridades do estado no dia 10 de setembro de 2010, suspeitas de participar da quadrilha que desviava recursos. Entre os presos, estavam o então governador do estado, Pedro Paulo Dias, o ex-secretário de Segurança Pública Aldo Alves e o ex-governador Waldez Góes. Miranda foi afastado da presidência do TCE e respondia em liberdade ao processo sobre corrupção até a conclusão deste texto, em junho de 2020.

Em março de 2018, o Superior Tribunal de Justiça (STJ) acolheu por unanimidade denúncia do Ministério Público Federal contra Miranda por crimes de peculato e lavagem de dinheiro. Para a relatora do processo, ministra Nancy Andrighi, há indícios de que o dinheiro lavado por Miranda na compra de carros e imóveis tem origem nos saques efetuados nas contas do TCE. A ministra determinou o afastamento de Miranda do cargo de conselheiro do Tribunal de Contas até o julgamento do processo e manteve a indisponibilidade dos bens apreendidos pela PF.

Para os ministros do STJ, ficou evidente que Miranda usou Josefa Ferreira Marques, mãe do funcionário do TCE Ernani Ferreira Marques, como laranja para lavar os cerca de R$ 100 milhões dos cofres públicos. Na casa de Miranda, em Macapá, foram apreendidos cheques, cartões de bancos e recibos assinados por Josefa.

"Ocorre que Josefa reside em João Pessoa, e não em Macapá, onde houve apreensão dos cartões, e, de acordo com o depoimento de seu filho, Ernani Ferreira Marques, não tinha condições de adquirir imóveis ou automóveis", registrou a ministra.

Preso durante a Operação Mãos Limpas, o ex-governador Waldez Góes foi inocentado em dezembro de 2017, por falta de provas, dos crimes de peculato, fraude nas licitações e formação de quadrilha.

"Sempre tive a consciência tranquila, mas tive de esperar o tempo da Justiça", disse ele ao comentar a sentença.

O ex-presidente do TCE, Miranda, foi absolvido no processo sobre pedofilia porque as meninas se recusaram a incriminá-lo. Localizadas em 2013, num confortável apartamento mantido por Miranda, elas não quiseram falar. Mas a mãe delas, que havia deixado sua casa pobre na periferia da cidade para morar num apartamento de classe média, saiu em defesa de Miranda ao conversar pelo interfone comigo.

Repórter – *A senhora que apresentou sua filha a Miranda?*

Mãe – *Você está louco?*
Repórter – *Louco, não. Só quero saber.*
Mãe – *Você vem aqui para falar de um homem como esse* – respondeu a mulher, desligando o telefone.

Segundo o advogado de Miranda, Alessandro Brito, que negou as denúncias, o relacionamento de seu cliente com as meninas e a mãe delas se resume a uma amizade que nasceu quando ele foi candidato a deputado. Um amigo da família, que pediu para não ser identificado, confirmou que o relacionamento de Miranda nasceu na época em que ele era candidato, mas acrescentou um detalhe: "O Miranda conhece as meninas desde que o pai delas era vivo. Hoje ele paga a faculdade e o colégio das meninas. Então o relacionamento com o Miranda acabou sendo um bom negócio. Por isso, nunca vão denunciá-lo", afirmou o amigo.

Durante duas semanas, tentei, sem sucesso, falar com Miranda. Ao retornar a Macapá para finalizar a reportagem, o repórter Luiz Carlos Azenha conseguiu abordá-lo quando ele saía de carro de sua casa.

Azenha – *E a história das meninas?*
Miranda – *Aquilo foi um engano da Polícia Federal. O processo foi arquivado, inclusive já transitado em julgado.*
Azenha – *E a gravação com a menina?*
Miranda – *Aquilo não corresponde à realidade. Foi uma brincadeira. Eu sou muito brincalhão* – disse o ex-presidente do TCE.

Durante a Operação Mãos Limpas, a Polícia Federal apreende um Ferrari e vários carros importados no apartamento do ex-presidente do TCE do Amapá José Júlio de Miranda Coelho.

No mesmo local, foi apreendido também R$ 1 milhão.

CAPÍTULO 16

A luta da mãe guerreira para prender pedófilos influentes que abusaram de seu filho

Ao descobrir que seu filho havia sido violado, a assistente social Karina Montoril dá início a uma investigação, que resulta na condenação e na prisão de poderosos pedófilos no Amapá

Karina Montoril, conhecida entre os amigos como Guerreira, não se conteve ao ouvir, em outro quarto, o desabafo do filho de 13 anos ao pai. Após o relato do filho, Karina chorou baixinho debaixo dos lençóis. Teve que abafar os soluços para não inibir o adolescente, que finalmente resolvera revelar o motivo que lhe provocava tanta revolta e dor.

Aos prantos, o menino acabara de contar ao pai que quando tinha 11 anos havia sido viciado em drogas e aliciado sexualmente por uma rede de pedófilos, comandada pelo então funcionário do Tribunal de Contas do Estado do Amapá (TCE-AP) Roberto Campos de Souza, que ocupava o cargo de diretor. O servidor era o gentil vizinho, que, na ausência dos pais, quando eles saíam para trabalhar, procurava suprir a carência e os sonhos do garoto com presentes e agrados. Mimos almejados por qualquer criança.

"Fingi que estava dormindo para não atrapalhar a conversa. Mas chorei muito ao saber que meu filho teve sua infância roubada por pedófilos influentes que abusaram sexualmente de uma criança de apenas 11 anos. Fiquei muito revoltada, tive vontade de fazer justiça com as próprias mãos." contou.

Guerreira não conseguia se perdoar por sua desatenção, por não ter percebido que o filho havia sido aliciado pelo influente vizinho. Ela se sentia culpada porque, por excesso de trabalho, teria descuidado do dia a dia do filho, deixando-o exposto. Mesmo sendo assistente social, não podia imaginar que o perigo estava tão perto.

"Meu filho aos 11 anos já sabia dirigir, e não fui eu nem o pai quem o ensinou, mas os pedófilos, que nunca se apresentam como bandidos, mas como homens gentis."

Guerreira só conseguiu aliviar a dor e a culpa quando decidiu investigar a rede por conta própria. Ao escalar um muro da casa de Campos, o funcionário do Tribunal de Contas que havia abusado de seu filho, quase desmaiou ao se deparar com uma cena chocante: outras crianças sendo aliciadas e molestadas.

"Eu subi, sabe-se lá como, o muro alto da casa, e, ao ver aquela cena, enxerguei meu próprio filho sendo abusado. Tremi e sofri uma queda e me machuquei toda", contou.

Cena semelhante se repetiu quando Karina resolveu ir à casa de outra pessoa influente na cidade de Macapá, acusada de pedofilia: o médico pediatra Marcelo Torrinha da Silva. Mais uma vez, sentiu uma dor no peito ao se lembrar do filho. Mesmo assim, não pensava em parar. Quando parecia cansada, surgia uma força que a ajudava em sua peregrinação. Andava quilômetros e mais quilômetros, e continuava a subir muros cada vez mais altos, até que pudesse encontrar provas para desmascarar a rede de pedófilos que a atormentava. Sabia que corria o risco de morrer. Mas não se abalava. Nada podia ser pior do que a dor que sentia no peito. Pouco se importava com os avisos de familiares, que pediam para ela ir mais devagar, já que apresentava sintomas de exaustão. O esforço não foi em vão.

A ação de Guerreira deu subsídios para a Polícia Federal instaurar um inquérito contra a rede. Em 2009, agentes federais desencadearam a chamada Operação Inocência, que resultou na prisão do médico e do funcionário do TCE, além de outras três pessoas: Francisco José Ferreira da Silva, Jessé Lima Coelho e Sanderson Roger Picanço dos Santos.

"Foi um dia incrível, fiquei emocionada e chorei muito ao ver aquele bando de pedófilos na cadeia. Vi que meu trabalho tinha dado resultado."

A alegria durou pouco. Apesar de todo o barulho, Guerreira não escondeu sua decepção com o rumo das investigações. Em um encontro comigo no Carnaval de 2013, a assistente social disse que enquanto se encontrava "presa" ao programa de proteção de testemunhas, os cinco acusados de pedofilia respondiam ao processo em liberdade. Além do mais, o filho de Guerreira havia se tornado dependente de drogas e passara a apresentar sintomas de esquizofrenia.

Campos, o servidor do TCE-AP, havia se mudado para Santarém (PA). E, de forma surpreendente, o médico Torrinha foi localizado por mim e pelo produtor Zúnica, da TV Record, em plena atividade profissional. Ele foi flagrado dando plantão num hospital público de Macapá. Em suma, continuava atendendo crianças pobres da cidade.

"O senhor não acha estranho, mesmo depois de ter sido preso por pedofilia, estar trabalhando com crianças neste hospital?", perguntamos ao médico, que foi gravado porque usávamos uma câmera escondida. "Não. Se eu fosse culpado, não estaria trabalhando aqui. Foi um engano da Polícia Federal", respondeu.

Torrinha, na ocasião, contava com o apoio de funcionários do hospital para se esconder da imprensa. Havia pedido que informassem aos jornalistas que não trabalhava mais lá. Para encontrá-lo, mantivemos um plantão na porta do hospital até que ele saísse. Durante a entrevista, o médico manteve a cabeça e o nariz empinados, mas em nenhum momento olhou para os meus olhos. Antes de ter sido preso, as façanhas do médico acusado de distribuir dinheiro e outros agrados em escolas públicas para aliciar meninos pobres eram de conhecimento público, inclusive no meio médico de Macapá. Certo de que sairia impune por suas investidas, estava cada vez mais audacioso. Afinal, não chegou nem mesmo a responder a processo administrativo no Conselho Regional de Medicina do Amapá. Com o tempo, nem os meninos de classe média escapavam das garras de Torrinha. Eles eram aliciados em troca de celulares e roupas de grife. Torrinha não respeitava nem mesmo os meninos de sua família. De acordo com o Ministério Público, uma das vítimas do pediatra era um garoto de 13 anos, filho de um primo.

"Infelizmente, quando os réus são pessoas influentes, a Justiça do Amapá tem problema em puni-los. Não é porque a gente não investiga. Não faltam provas também. O problema é que algumas decisões dos juízes não seguem os dogmas ou qualquer doutrina jurídica. O que prevalece é se o acusado tem força política e é bem relacionado na sociedade", afirmou o promotor de Justiça Moisés Pereira.

Pereira cita, entre os casos incríveis de impunidade, a justificativa que o juiz da Vara de Infância Adão Gomes de Carvalho deu em sua sentença que absolveu o empresário Antônio Lúcio Machado, acusado de ter aliciado e mantido relações sexuais com duas irmãs adolescentes, uma de 14 anos e a outra de 15. No entendimento do juiz, a culpa foi das meninas, e não do empresário. "Para essas meninas é mais fácil buscar uma vida fácil do que uma profissão digna e moral", escreveu em sua sentença.

"O juiz tem de ter muita cara de pau para escrever isso numa sentença, que não tem nenhum embasamento jurídico", afirmou o promotor.

Filhas de pais pobres e morando na periferia, as adolescentes contaram ter perdido a virgindade em troca de alguns trocados numa festa organizada pelo empresário e um grupo de amigos. A mais velha recebeu R$ 5,00, e a mais nova, R$ 15,00. A festa ocorreu à luz do dia em um motel.

"Foi uma situação muita traumática e dolorosa. Porque mesmo sentindo muita dor tive de atender os amigos do empresário também", disse a irmã mais nova. "Foi um pesadelo que parecia que nunca ia terminar", completou a mais velha.

Localizado por telefone pelo repórter Luiz Carlos Azenha, o empresário não negou as acusações. Apenas disse ter sido vítima de extorsão por parte da mãe. "A mãe delas descobriu que eu tinha nome.

E um dia, ao perceber que tinha me relacionado com a filha dela, pensou: 'É esse cara aqui.'"

Azenha – *E aí, ela tentou te extorquir?*

Machado – *E muito. Eu cheguei a pagar pelo fato de ela dizer: "Me arruma um dinheiro para ajeitar minha casa". Eu cedi e me arrependi por isso.*

Em outras palavras, na entrevista gravada, o empresário não mostra arrependimento por ter aliciado e explorado sexualmente, junto com amigos ricos, meninas pobres e maltrapilhas de Macapá. Seu único arrependimento foi pelo fato de ter dado dinheiro para a mãe das meninas, que acabou denunciando Machado ao Conselho Tutelar e ao Ministério Público.

A mesma humilhação Karina sentiu quando resolveu comprar uma briga contra a poderosa rede de pedofilia no Amapá. Distante da família ao entrar no programa de proteção à testemunha, ela, que teve até de se mudar de casa, sofria ao ver que, apesar de todo o seu esforço, os pedófilos continuavam soltos. Para ela, a impunidade dava o aval para continuarem a molestar crianças pobres e inocentes. Guerreira sentiu certo alívio em abril de 2018, quando, numa operação denominada Anjos da Guarda, a PF prendeu acusados de exploração sexual de crianças e adolescentes e estupro de vulnerável. Eles foram encaminhados a um presídio de Macapá. O servidor do Tribunal de Contas do Estado do Amapá Roberto Campos de Souza conseguiu escapar do cerco.

Empenhada em ajudar outras mães que tiveram histórias tristes como a dela e de seu filho, Guerreira trabalha hoje como assistente social do Tribunal de Justiça do Amapá. Apesar de ter conseguido colocar os abusadores de seu filho na prisão, Karina disse que sente um enorme vazio e uma dor no peito ao se recordar de tudo o que passou. Diariamente, ela orienta mães a tirar seus filhos da zona de perigo.

"Não adianta só brigar com o filho, porque isso só vai afastá-lo. Você tem de saber tudo que está ocorrendo e lembrar que o pedófilo é sempre o sujeito bonzinho, que ronda por perto. É o que deixa o seu filho dirigir o carro ou que lhe dá presentes caros, que, por medida educacional ou por falta de recursos, você não quis ou não pôde dar", afirma Guerreira.

CAPÍTULO 17

A ameaça bem ao lado

Em Macapá, violência sexual contra crianças e adolescentes é destaque em setores de atendimento nos hospitais da rede pública de saúde. Quase sempre o abusador é o próprio pai, parentes ou pessoas próximas das vítimas

Ano de 2013. O crime que deveria ser uma exceção ou inexistir está estampado em cartazes e placas dos hospitais da rede pública de Macapá, no Amapá. O aviso contido nessas peças informativas orienta o procedimento de atendimento nessas unidades de saúde a crianças e adolescentes vítimas de estupro e abuso sexual. Essas peças informativas são um sinal claro de que a violência sexual contra menores é tão grave quanto outros problemas de saúde pública.

O drama dessas meninas e meninos, que na maioria das vezes têm como algozes pessoas próximas às famílias, provoca a revolta e a indignação até mesmo das autoridades que convivem diariamente com o problema.

"A violência sexual tornou-se uma prática rotineira, impulsionada principalmente pela cultura do machismo. O pai diz: 'Minha filha vai ser minha ou não vai ser de ninguém', ou, então, 'É minha sobrinha, eu vou fazer antes que alguém faça'", afirmou a delegada Rosilene Martins de Sena, titular da Delegacia Especializada de Repressão aos Crimes Praticados contra a Criança e o Adolescente (DERCCA).

"Esse machismo existe, mas no dia que os culpados começarem a ir para a cadeia e os casos não acabarem em impunidade, tudo vai ser resolvido", disse o promotor de Justiça Moisés Pinheiro.

Com mais de vinte anos de experiência, a delegada Rosilene contou que na grande maioria dos casos os abusadores são parentes ou têm um contato próximo com as vítimas. Em função disso, temendo possíveis retaliações, as mães, de todas as classes sociais, não chegam sequer a denunciar o fato.

"Quando fiquei sabendo, minha filha S.A. já estava grávida, aos 12 anos, do meu companheiro. Não me restou outra saída senão expulsá-lo de casa", afirmou a mãe, uma cozinheira que pediu para não ser identificada.

Não fosse pelo crescimento da barriga, a menina abusada pelo padrasto jamais imaginaria que estava prestes a ser mãe. Usando um vestido com estampas de ursinho, S.A. tinha o corpo e a voz de uma menina de 10 anos. A adolescente ainda brincava de casinha e de boneca com as amigas do bairro. Ela contou que só resolveu relatar o fato para a mãe quando passou a ser provocada pelos colegas da escola, que riam do crescimento de sua barriga. O padrasto, que vivia à custa da mulher, agia na surdina. A menina era abusada quando sua mãe saía para trabalhar para o sustento da família. O ato de violência era sempre seguido por ameaças do padrasto.

"Ele dizia que se eu contasse para minha mãe, iria me matar. Então, eu era obrigada a sofrer calada", lamentou a menina.

Envergonhada com a barriga, S.A. abandonou a escola. Mas, incentivada pela mãe, pretendia voltar às aulas depois que o filho completasse um ano de idade. O ato de violência roubou uma parte da infância da adolescente, mas não pôs fim aos seus sonhos. A menina planeja se formar em Pedagogia e acredita que um dia encontrará o marido que vai ajudá-la a criar o filho.

Amargurada por não ter percebido que sua filha estava sendo abusada por seu companheiro, a cozinheira disse que resolveu entregar o caso "nas mãos de Deus" ao saber que o estuprador responderia a processo em liberdade. Para a cozinheira, o importante era dar o apoio necessário à filha.

"Ironicamente, eu vou ter de criar o filho dele. Mas um dia ele vai pagar por toda essa maldade. É muito sofrimento. Mas vou cuidar do meu neto como filho, porque ele não tem nada a ver com a história", disse.

Outra mãe de uma menina abusada sexualmente encarava o problema de maneira diferente da cozinheira. Ela trabalhava como motoqueira para sustentar a família e lutava na Justiça para colocar na cadeia o servidor público Adriano de Souza, um homem casado, então com 53 anos, acusado de engravidar sua filha caçula, J.S., quando ela tinha apenas 13 anos.

Adriano trabalhava na Secretaria de Assuntos da Mulher. De acordo com os autos do processo, ele usava o carro do Estado para tentar seduzir crianças e adolescentes de escolas públicas. Antes de J.S., o servidor tentou seduzir, sem sucesso, outra filha adolescente da motoqueira, E.S., então com 16 anos.

"Eu percebi logo que era papo furado. Já estou acostumada com isso. Tenho várias amigas que foram seduzidas ou até mesmo violentadas. Muitas viraram mães solteiras e outras se tornaram prostitutas muito cedo", contou E.S., que conseguiu escapar do assédio do servidor público.

Mesma sorte não teve sua irmã caçula, que acabou vendendo a virgindade em troca da promessa de um aparelho celular, que nunca lhe foi entregue.

"Eu liguei para ele porque prometeu me dar um celular e dinheiro. Ele disse ainda que abandonaria sua mulher para ficar comigo. Infelizmente, só tive coragem de contar tudo para minha mãe quando já estava grávida", revelou.

Localizado em Macapá, o servidor se recusou a comentar as denúncias contra ele. "Só falo na Justiça", disse.

Histórias como essas são parte da rotina de Macapá, onde a prostituição infantojuvenil corre solta nas principais avenidas e bares. Também é impressionante o número de meninas prostitutas que se tornaram mães precocemente.

"Aqui tudo é livre. Ninguém nem pede documento nos motéis, e os policiais ganham dinheiro em cima do negócio da gente, que temos como clientes pessoas influentes", afirmou S., de 15 anos, que foi mãe de um menino quando tinha apenas 12.

Ela chegava a fazer cinco programas por noite para sustentar o filho. Para se proteger dos atos de violência, S. sempre andava na companhia de outras cinco adolescentes, todas mães solteiras. Ela disse que muitas amigas já foram estupradas e agredidas.

"Quando a gente pega clientes poderosos, eles pelo menos não nos batem. O problema é que na vida da noite nos deparamos com todo tipo de gente. Por isso andamos em grupo. Quando uma sai com um cliente, as outras anotam a placa do carro. Isso evita pelo menos que a gente apareça morta", contou L., de 14 anos, mãe de uma menina de 2 anos.

As meninas garantem que o abuso sexual envolve até mesmo policiais e integrantes do Conselho Tutelar, que deveriam protegê-las.

"Eles, em troca de favores sexuais, acabam liberando a gente", disse M., de 14 anos, que ganha a vida nas ruas.

O então coordenador do Conselho Tutelar José Augusto Domingos negou as acusações. "Estou aqui há cinco anos e nunca ouvi nenhuma denúncia. Mesmo porque os atendimentos são sempre acompanhados por secretárias do Conselho", afirmou.

Até 2019, os sinais de violência se estendiam ao Conjunto Mucajá, na zona sul da cidade. Fundado em 2011, com recursos do Programa de Aceleração e Crescimento (PAC), o conjunto, formado por 592 apartamentos, tornou-se um dos principais centros de exploração de crianças e adolescentes por traficantes. Além de se prostituírem, meninas e meninos são obrigados a trabalhar como "mulas" pelos traficantes.

"Além de usar esses apartamentos como esconderijo, traficantes obrigam pais a deixar as filhas saírem à noite para se prostituírem", afirmou um líder da comunidade, que pediu para não ser identificado por temer represálias.

O comissário do Juizado de Infância José Casimiro Neto confirmou as denúncias. Ele disse que o Juizado da Infância de Macapá tem se empenhado cada vez mais em desenvolver trabalho para coibir a exploração sexual de crianças e adolescentes. Mas, segundo ele, muitas meninas retiradas das áreas de prostituição acabam voltando para a rua, devido à falta de abrigos que possam lhes dar assistência adequada. Para o comissário, o problema somente será resolvido com a criação de centros profissionalizantes que possam qualificar essas meninas.

"Sem nenhuma formação, essas meninas sempre vão acabar voltando para as zonas de prostituição infantil", disse.

Depois de Macapá, me desloquei até o município de Santana, a vinte quilômetros da capital. Isento de vários impostos por estar enquadrado como zona franca, Santana possui o maior porto do estado, que recebe embarcações de muitas partes do mundo.

Não levou muito tempo para eu perceber que o programa com meninas é oferecido em boates com instalações precárias, que se espalham por toda a zona portuária. Sem saber que estava sendo gravada por uma câmera oculta, uma cafetina que se identificou apenas como Rose foi direto ao assunto ao ser abordada por mim e pelo produtor Lumi Zúnica ao entrarmos no local, disfarçados de turistas. "Se quiser menina novinha, a gente chama por telefone. Elas não podem ficar aqui expostas", afirmou a cafetina.

Pintada de azul, a boate tem quartos onde podem ser feitos programas por R$ 20,00. Os quartos não têm banheiro e as camas estão em meio a sacos de batata e outros alimentos.

Próximo ao local onde os barcos estão ancorados, meninas se oferecem a turistas. "Os estrangeiros chegam a pagar até R$ 200,00 por meninas de 12 anos. Quanto mais novinhas, mais caros são os programas", afirma G.P, de 14 anos.

Filha de pescador, ela conta que começou a se prostituir quando tinha 12 anos, a fim de se vestir melhor. A exemplo do que ocorre em Macapá, são comuns os casos de meninas que engravidam.

"Minha irmã, de 13 anos, ficou grávida quando tinha 12 anos. Quem fica com a criança é minha mãe, que controla todo o dinheiro que a gente ganha nas ruas", afirmou.

Para o promotor de Justiça Moisés Pereira, na maioria dos casos, as meninas são obrigadas a se prostituir pelos próprios pais. "Infelizmente, essas famílias vivem em estado total de miséria", afirma.

A polícia do Amapá acredita que a prostituição infantojuvenil em Santana é controlada por empresas de transporte marítimo, encarregadas de levar as meninas aos navios que atracam nas proximidades do porto. A maioria dessas meninas acaba retornando para Macapá após programas nos navios. Muitas, porém, seguem para a Guiana Francesa, território francês que faz divisa com o Amapá. O sonho das meninas é o euro, moeda oficial das boates que exploram a prostituição.

"Infelizmente, falta pessoal e meio de transporte para fiscalizar essas idas de meninas para os navios. Às vezes, não temos dinheiro nem para combustível", afirma a delegada Rosilene.

Na ausência de uma investigação sistemática e efetiva para coibir a exploração sexual e o tráfico de adolescentes, o desmantelamento da rede de pedófilos vem ocorrendo exclusivamente por intermédio de denúncias anônimas. Foi por meio desse canal, por exemplo, que a polícia conseguiu localizar, em abril de 2019, uma adolescente de Santana, de 16 anos, se prostituindo em Oiapoque, município separado apenas por uma ponte da Guiana Francesa. A cafetina e o aliciador foram presos.

Em Bailique, "xerife" tenta coibir os abusos

A informação de que a violência sexual contra crianças havia se tornado uma prática comum nas regiões ribeirinhas do Amapá me levou, junto com o produtor Lumi Zúnica, em 2013, até Bailique, um arquipélago a cerca de 120 quilômetros de Macapá. A viagem até o arquipélago é uma aventura para lá de perigosa.

O trajeto, que leva cerca de quatro horas de voadeira e até vinte horas em embarcações maiores, é cortado por rochas subaquáticas, verdadeiras armadilhas que são a causa de frequentes acidentes envolvendo embarcações que trafegam pelo Rio Amazonas.

Há outro risco: piratas fortemente armados em busca de mercadorias e do dinheiro dos passageiros dos barcos. "Ou você entrega tudo, inclusive o dinheiro, ou leva chumbo", afirmou um pirata, protegido por um capuz, para o piloto da voadeira que nos guiava. O pirata comandava outros três colegas, armados com pistolas e escopetas.

Os criminosos desistiram de repente do assalto, por questão de sorte. O chefe dos piratas deu uma grande gargalhada ao reconhecer o piloto: "Hoje é seu dia de sorte. Como eu posso roubar um amigo que leva minha querida mãe de graça para todo lado?", disse. "Cuidado, a correnteza por aí não está fácil", acrescentou.

Ao entrar num dos afluentes do Rio Amazonas, percebemos que o pirata não estava exagerando na sua recomendação. Fortes ondas, que quase afundaram o barco, vinham provocando erosões que varriam barrancos, casas e postes de energia elétrica, deixando o povoado pelo menos quatro meses por ano sem eletricidade. Moradores responsabilizavam os criadores de búfalos pelo desastre ecológico. Ao tentar desviar o curso de rios para construir represas para os animais, os fazendeiros teriam fechado a boca do Rio Araguari, que deságua no Oceano Atlântico. Consequência: em vez de seguir até o mar, as águas passaram a se deslocar com fúria para os povoados, provocando vasta destruição.

A ação da erosão, que já devastou até escolas do município, é apenas um entre muitos problemas enfrentados pelos 8 mil moradores do distrito.

Em Bailique, não existe delegacia de polícia ou fórum de Justiça, e somente casos considerados mais graves, como assassinatos, são julgados durante visitas esporádicas de um barco da Justiça Itinerante. A segurança é mantida apenas por um posto da PM, que só conta com um barco para percorrer as ilhas do arquipélago. A visita de médicos também é rara.

Na ausência de médicos, Bailique ficou famosa no Amapá por abrigar um grande número de parteiras. "Já fiz mais de trezentos partos e nunca perdi nenhuma criança", contou Leonice Rodriguez Rocha, então com 85 anos, parteira aposentada que ensinou o ofício a pelo menos vinte outras.

Mais famoso que Leonice, em Bailique, só mesmo um de seus 13 filhos, o comissário da Infância e da Juventude Dalto Sarves Rodriguez, de 39 anos, conhecido na região como Paturi.

Devido a seu trabalho de proteção das meninas e adolescentes vítimas de abuso sexual, Paturi passou a ser chamado também de "Anjo da Guarda" ou de "Xerife". Nascido na própria ilha, Xerife, pai de quatro filhos adolescentes, disse ficar revoltado com a violência praticada contra meninas e adolescentes: "Aqui não dá para bobear, senão aparece alguém logo querendo abusar das meninas", afirmou.

Para ele, a ação dos pedófilos é facilitada pela grande extensão territorial do arquipélago, totalmente desprotegido pela polícia. "Essas ilhas se tornam verdadeiros esconderijos de pedófilos e traficantes. Além do pouco efetivo, a polícia às vezes não tem nem mesmo gasolina", afirmou.

Xerife explicou ainda que a maioria das vítimas são crianças que permanecem em casa sozinhas, enquanto seus pais vão trabalhar.

"Os pais são pescadores ou lavradores, que ao saírem para o trabalho deixam suas filhas vulneráveis. E o pedófilo fica atento a toda essa movimentação", disse ele.

Na ausência de Conselho Tutelar em Bailique, ele encaminha todas as denúncias à Delegacia de Proteção à Criança e ao Adolescente e ao Juizado de Menores de Macapá.

"Infelizmente, nunca vi ninguém ser preso. Na Justiça, pelo menos, tenho conseguido medidas de proteção para essas crianças, que são encaminhadas para a casa de parentes e recebem acompanhamento de psicólogos em Macapá", disse.

Usando uma camiseta com o emblema da Justiça e um boné com o símbolo do Vasco da Gama, todos os dias Xerife cumpre à risca a rotina de visitar mães cujas filhas foram abusadas por parceiros ou vizinhos. Acompanhei uma dessas blitze.

"Você está deixando sua filha com o tio da menina. Mas temos notícia de que ele está se aproximando da menina, mandando que ela tirasse as roupas durante o banho no rio. Some com esse cara", ordenou Xerife a um morador. Ele disse se orgulhar de ter ganhado a confiança dos habitantes da região.

Os passos de Xerife são orientados por denúncias anônimas. Ele explicou que, na maioria dos casos, os pedófilos são pessoas próximas às famílias das vítimas. Não faltam em Bailique histórias com esse mesmo roteiro. Foi a amizade de seus pais com um comerciante da região, por exemplo, que levou S.A., uma menina, a perder a virgindade quando tinha apenas 12 anos. A mãe, que pediu para não ser identificada, disse que jamais poderia imaginar que o inimigo era o vizinho. Prestativo, casado, ele arrumou emprego para a mãe e se ofereceu para cuidar da menina. O pai da adolescente, que saía todos os dias para pescar, somente descobriu o abuso quando os vizinhos denunciaram o caso a Xerife.

"O comerciante era uma pessoa casada. Eu pensei inclusive que a mulher dele ajudava a cuidar da minha filha", disse a mãe. O que ela não podia prever era que a filha seria seduzida em troca de um estojo de beleza quando a mulher do comerciante saiu para trabalhar.

"Para mim, ele era uma pessoa boa, que me dava coisas que eu jamais poderia imaginar que compraria. Hoje, percebi que ele é apenas um aproveitador", contou a adolescente ao mostrar o estojo de beleza.

O assédio e a violência sexual levam muitas vezes as adolescentes de Bailique a tomar medidas drásticas. Decidida a enfrentar o padrasto, que não parava de assediá-la, A., de 13 anos, não hesitou em tomar uma atitude perigosa: após colocar um colete salva-vidas, se jogou no Rio Amazonas. Resgatada da água por pescadores, a adolescente foi encaminhada à casa de parentes por Xerife. A mãe se refugiou com o marido numa ilha, porque, a princípio, não acreditou na história. Abandonou a filha e preferiu ficar com o marido. "Não existiu nada disso. Isso é tudo história", disse o padrasto da menina, que se identificou como José Sanches.

A indiferença da mãe deixou a filha devastada. "Foi revoltante ver que, depois de tudo que passei, não pude contar nem mesmo com o apoio da minha mãe. Me senti a pior pessoa do mundo", contou.

Em outubro de 2019, telefonei para Xerife e perguntei como estava a situação das meninas de Bailique. Mais uma vez, ele apurava a denúncia de violência sexual praticada contra uma criança do vilarejo. O comissário recebeu a denúncia de que um servidor público teria violentado uma menina de 12 anos.

"O funcionário acusado mora em frente à casa da vítima. A história é sempre a mesma. Os pais saíam para trabalhar e o servidor aproveitava para atacá-la quando ela chegava da escola. E o pior é que ele é casado e tem filhos", disse.

Xerife encaminhou a denúncia à Delegacia de Proteção à Criança e ao Adolescente de Macapá. Como não houve flagrante, o servidor ia responder ao processo em liberdade.

Há vinte anos no cargo, Xerife, que já teve quatro casas derrubadas pela erosão, disse que apesar de toda a impunidade se sente confortado por ter ajudado a encaminhar a vida de meninas vítimas de violência sexual. Filho de pescador, ele se sente orgulhoso ao contar, por exemplo, que a menina que perdeu a virgindade em troca de um estojo de beleza conseguiu ingressar no curso técnico agrícola. Os pais da menina, que arrumaram emprego numa fábrica de farinha, também melhoraram de vida. "Fico feliz ao ver que a menina engordou, está bem de saúde e com a vida encaminhada."

A adolescente que pulou no rio para fugir do assédio sexual do padrasto também teve uma história com final feliz. Ela se casou ao completar 20 anos e vive numa casa própria, na companhia do marido e de dois filhos.

"É muito bom poder ajudar os outros. Foi um sentimento que aprendi com minha mãe parteira, que sempre me pediu para que eu ajudasse essas meninas", afirmou.

As meninas da Amazônia são vítimas de sociopatas que acreditam na impunidade de seus crimes. A sociedade precisa agir contra eles.

Conclusão

Amigos escritores que tiveram acesso a este livro antes de sua publicação disseram ter tido pesadelos. Para eles, as histórias e o comportamento dos personagens descritos são tão assustadores quanto um filme de terror. Só que as histórias aqui relatadas não são ficção, mas fatos da realidade do país. Esses colaboradores questionaram, por exemplo, se leitores, homens e mulheres, teriam estômago para ler esta obra até o fim, devido às crueldades e crimes relatados. A linguagem é seca demais, avaliaram.

O incômodo e o mal-estar que essas situações podem provocar, de fato, não atingem apenas os leitores. Atormentam até mesmo jornalistas e policiais experientes que se aventuram a investigar o tema. Nesses vinte anos de profissão, em que me mantive atento à exploração sexual praticada contra crianças e adolescentes, não me lembro de ter saído impassível ao concluir qualquer uma das reportagens detalhadas neste livro. Recentemente, fui informado de que peritos da Polícia Federal designados para decifrar o material apreendido em operações, que contém imagens de crimes sexuais contra crianças, têm que se submeter a atendimento psicológico ou psiquiátrico.

Todos os fatos citados neste livro causam indignação. Mas, a meu ver, nada é mais revoltante quando o abusador é o pai, o padrasto ou outro familiar da vítima. O que dizer quando quem deveria ser protetor é o vilão, que explora a criança e rouba sua infância?

Há casos em que mães, por temor ou para manter as aparências perante a família e a sociedade, não denunciam o marido.

Uma psiquiatra amiga me contou ter entrado em depressão ao se deparar com um desses casos. O drama relatado numa sessão terapêutica envolvia a história de uma adolescente, à época com 16 anos, que teria sido seduzida e violentada pelo pai. A jovem se dizia revoltada com a indiferença da mãe (uma senhora da alta classe paulistana) quando esta descobriu a violência do marido contra a filha. O drama culminou com a ida do pai, da mãe e da filha ao consultório. Após várias sessões, os pais da vítima chegaram à surpreendente conclusão de que tudo não passara de uma história que a psiquiatra teria criado na cabeça da adolescente.

Por intermédio da psiquiatra, tive a oportunidade de conversar com a jovem, com o compromisso de que o nome dela fosse mantido sob absoluto sigilo. A menina, que havia adquirido o hábito de cortar os braços e o rosto com uma lâmina, não parava de chorar ao se lembrar do seu martírio. Ela se dizia revoltada com o pai, que no convívio social se apresentava como protetor da família e extremamente atencioso com a mãe e fingia que nada havia acontecido, a fim de manter o casamento de aparência.

Meses antes de finalizar esta obra, voltei a conversar com a psiquiatra. Fiquei chocado, mas não surpreso, ao saber que a adolescente havia se tornado usuária de crack. Havia a suspeita de que ela estaria se prostituindo em troca de drogas.

Não foi a primeira vez que, ao investigar o submundo do tráfico, ouvi relato sobre meninas de classe média que, depois de se viciar em crack, deixaram a família para morar na chamada Cracolândia, na região central da capital paulista. Vez por outra, casos como esse estampam as páginas dos jornais e se tornam manchete dos noticiários da tevê.

Não tenho a menor dúvida de que histórias como essa são mais comuns do que se possa imaginar. Outros casos, como os que envolvem um empresário e até um governador eleito em 2018, chegaram ao meu conhecimento. Mas por que não estão neste livro? Por mera questão de critério. Todos os poderosos pedófilos aqui citados foram condenados ou pelo menos tornaram-se réus em processos.

Assim, com toda a linguagem cruel adotada, a citação desses casos serve de incentivo para levantar o grito de alerta das vítimas e o despertar de parte de uma sociedade que omite os crimes praticados contra sua própria prole.

Não faltam leis no país para proteger as crianças e os adolescentes contra crimes sexuais. Criticado pelos setores mais conservadores da sociedade, o Estatuto da Criança e do Adolescente, que completou trinta anos em julho de 2020, é um marco na defesa dessas vítimas. O estatuto obriga, por exemplo, a criação dos conselhos tutelares nos municípios. Foi por intermédio de denúncias a esses conselhos que muitas das vítimas citadas nesta obra conseguiram colocar seus algozes na cadeia.

A aprovação do artigo 217 da Lei nº 12.015/2009, que considera estupro de vulnerável o ato de conjunção carnal ou o ato libidinoso praticado contra menores de 14 anos, também foi outro avanço. A lei prevê de 8 a 15 anos de prisão para os abusadores. Uma lei justa e severa, comparável às de países desenvolvidos, como os Estados Unidos.

O problema é que, muitas vezes, aqueles que deveriam exigir o cumprimento da lei são os próprios pedófilos, que podem ser policiais, procuradores ou juízes. Há também casos de juízes, como o citado neste livro, que dão uma interpretação duvidosa e peculiar para as leis. Para esses poderosos homens da Justiça, a culpa nesse tipo de crime não é dos pedófilos, mas da própria vítima, que "prefere uma vida fácil nas ruas" a procurar um trabalho digno.

Atitudes como essa poderiam ser evitadas com a aprovação no Congresso Nacional de uma lei que transferisse para a jurisdição federal os crimes contra a violação das crianças e dos direitos humanos. A exemplo do que ocorre nos Estados Unidos, esses crimes passariam a ser investigados pela Polícia Federal, denunciados pela Procuradoria da República e julgados pela Justiça Federal.

A exploração sexual infantojuvenil no país, sem punição, reflete uma postura de parte das camadas altas da sociedade, mas não apenas delas.

Enquanto essas ideias progredirem, a violência sexual contra crianças e adolescentes continuará a apresentar estatísticas alarmantes. O combate a essa violência passa pela mudança de pensamento e de comportamento de toda a sociedade.

ANEXOS

A quebra de sigilo do celular do empresário Fabian trouxe à tona
diálogos comprometedores com as cafetinas.
A denúncia do Ministério Público Federal cita todos os sofrimentos
e as ameaças a que as vítimas foram submetidas.

MINISTÉRIO PÚBLICO DO ESTADO DO AMAZONAS
101ª Promotoria de Justiça da Capital
2ª Vara Especializada em Crimes contra Dignidade Sexual de Crianças e Adolescentes

FABIAN: Tem camisinha?

ALINE: Não.

FABIAN: Nada de pressa.

ALINE: Blz.

FABIAN: Quero fazer sem pressa.

ALINE: Pois he ela so tem 10 anos. Tem q ser cm calma mesmo. (sic)

FABIAN: Se não der certo hoje nunca mais eu volto.

ALINE: E pq não vou ficar me arriscando por 500 reais. Come hj. Todas q eu botei deu certo.

FABIAN: Melhor pouco certo. Que muito incerto.

ALINE: Mas seu eu acertar um valor eu entro no quarto e so sai quando vc terminar o serviso sem preça. (sic)

Em seguida, ALINE manda uma mensagem dizendo que a vítima está pronta e "esperando com a pomada", mandando a foto de fls. 740, na qual aparecer a vagina da vítima. A última mensagem trocada nesse dia ocorreu 13h24, onde FABIA disse que já estava na rua da casa de ALINE.

Face o exposto, é evidente que <u>**FABIAN NEVES DOS SANTOS**</u> **praticou novamente o crime de estupro de vulnerável, delito tipificado no Art. 217-A, do CPB. Além disso, tendo em vista a foto produzida por Aline e enviada e armazenada por FABIAN, a Denunciada** <u>**ALINE CRISTINA DE SOUZA ANDRADE**</u> **praticou a conduta criminosa disposta no Art. 240 c/c Art. 241-A, ambos do ECA e o Denunciado** <u>**FABIAN NEVES DOS SANTOS**</u> **praticou o crime previsto no Art. 241-B do ECA.**

Além disso, a Denunciada Aline, ao preparar a vítima para manter conjunção carnal com Fabian, passando "pomada anestésica", concorreu para a

MINISTÉRIO PÚBLICO DO ESTADO DO AMAZONAS
101ª PROMOTORIA DE JUSTIÇA DA CAPITAL
2ª Vara Especializada em Crimes contra Dignidade Sexual de Crianças e Adolescentes

que eu vou tá aqui"

Mensagem de Áudio 13 (enviada por ALINE): "**vou ficar aqui, que eu tô com o neném, tu entra, te esperar aqui, que nem toda vez**"

Mensagem de texto (enviada por FABIAN): **Pergunta se ela gostou, se hoje foi melhor?**

Mensagem de texto (enviada por ALINE): **Ela gostou, disse que gozou.**

Destarte, é indubitável a prática do **crime de estupro de vulnerável por Fabian Neves dos Santos contra a adolescente B. C. S.**, ocorrido na tarde do dia 28/05/2018, no interior da residência da Denunciada Aline Cristina de Souza Andrade, bem como outro crime idêntico praticado por Fabian contra a mesma vítima, ocorrido entre março e agosto de 2018. Condutas que se amoldam a tipificação contida no Art. 217-A, do CPC, por duas vezes.

FATO 11 (5º ESTUPRO DE VULNERÁVEL PRATICADO POR FABIAN NEVES DOS SANTOS)

Este delito se consumou no dia no dia **07/08/2018, por volta das 14h, no Motel Safari, localizado na Av. Elias Ramiro Bentes, nº 840, Monte das Oliveiras, no apartamento 11**, na ocasião da prisão em flagrante dos Denunciados ALINE e FABIAN.

Conforme se depreende dos autos, nessa época a Denunciada ALINE estava em processo de separação do seu companheiro e estava em busca de obter dinheiro com maior afinco, de maneira que B. C. S. relatou que a Denunciada estava "esperando a sua menstruação terminar porque ela precisava combinar com Júnior para eu sair com ele". No dia anterior, ALINE e FABIAN marcaram o encontro para a

MINISTÉRIO PÚBLICO DO ESTADO DO AMAZONAS
101ª PROMOTORIA DE JUSTIÇA DA CAPITAL
2ª Vara Especializada em Crimes contra Dignidade Sexual de Crianças e Adolescentes

FATO 4 (2º ESTUPRO DE VULNERÁVEL PRATICADO POR FABIAN NEVES DOS SANTOS)

Este delito não foi relatado pela vítima, provavelmente pelo intenso sofrimento e abalo causados pelo crime anterior, entretanto, conforme as provas constantes dos autos, em especial, as mensagens de texto trocadas entre os Denunciados ALINE e FABIAN que constam das fls. 730 e seguintes, não há dúvidas que a vítima F. C. F. foi estuprada em mais uma ocasião por FABIAN.

A partir do dia 10/7/2018, ALINE começa a mandar mensagens para FABIAN, oferecendo a vítima e **dizendo que descobriu que ela só tinha 10 (dez) anos,** motivo pelo qual afirmou que valia R$ 500,00 (quinhentos reais). No dia seguinte (11/07/2018), o Denunciado FABIAN, pergunta de quem ALINE estava falando no dia anterior e esta responde que era de F. C. F. , momento que FABIAN envia duas mensagens de áudio para ALINE:

Mensagem 1: Essa daí Aline, é aquela que não deixa meter entendeu, a gente põe perto e ela já afasta, pior coisa que tem é isso, esse negócio, põe perto, afasta, agora tem um detalhe, eu tenho a pica melhor padrão pra ela é a minha, que é pequena, entendeu, se ela não deixar a minha, ela não vai deixar ninguém.
Mensagem 2: Mas ela não é virgem não, porque eu enfiei o dedo todinho na buceta dela, tá, ela deixa enfiar o dedo, ela não deixa enfiar a pica com medo de doer, porque os caras que foram com ela, deve ter a pica maior do que a minha, a pica grossa, sei lá, e aí ela fica com medo, mas virgem ela não é não, porra, não é pura não, entendeu, já deixou enfiar, só o dedo, o dedo entre beleza e tal, nem reclama, tá, agora assim, é o medo né,

MINISTÉRIO PÚBLICO DO ESTADO DO AMAZONAS
101ª PROMOTORIA DE JUSTIÇA DA CAPITAL
2ª Vara Especializada em Crimes contra Dignidade Sexual de Crianças e Adolescentes

por circunstâncias alheias a vontade do criminoso, uma vez que a vítima fugiu do local, o crime não chegou a ser consumado, de forma que a conduta praticada por **Raimundo Alves do Vale Filho se amolda ao crime tipificado no Art. 217-A c/c Art. 14, II, ambos do CPB.**

FATO 3 (1º ESTUPRO DE VULNERÁVEL PRATICADO POR FABIAN NEVES DOS SANTOS)

Analisando o Inquérito Policial, a partir das fls. 692 e seguintes, referentes a quebra do sigilo telefônico dos Denunciados ALINE e FABIAN, constata-se que, no dia 30/05/2018, a Denunciada ALINE começou a oferecer a vítima F. C. F. para o Denunciado FABIAN, dizendo que tinha uma "outra pura" (virgem) e que iria mandar uma foto para FABIAN, o qual pediu que mandasse a foto da adolescente "peladinha". O mesmo dia ALINE descreveu a vítima e a ofereceu:

> ALINE: essa é da pinta da bia, sem peito, 14 anos.
> FABIAN: Dai mesmo? Do bairro?
> ALINE: Sim. Vou ajeitar p vc. (sic)
> FABIAN: Então esse bairro é bom de mercadoria.
> ALINE: Simmm
> FABIAN: Pode nem se mudar.
> ALINE: Mas elas gostam de dinheiro tb. Quero ganhar dinheiro xm essa smilecas. (sic)
> FABIAN: Só falta uma casa melhor, quarto com Banheiro dento.

No dia 02/06/2018, FABIAN manda uma mensagem pedindo para "preparar a pura pra quarta" e pediu uma foto da "pura", ao que ALINE respondeu dizendo que

MINISTÉRIO PÚBLICO DO ESTADO DO AMAZONAS
101ª PROMOTORIA DE JUSTIÇA DA CAPITAL
2ª Vara Especializada em Crimes contra Dignidade Sexual de Crianças e Adolescentes

FATO 1 (INDUÇÃO E ATRAÇÃO DA VÍTIMA PELA DENUNCIADA ALINE CRISTINA DE SOUZA ANDRADE COM COAUTORIA DE ANA CÁSSIA DA SILVA BENTES)

A vítima G. L. L. R. , adolescente com 14 anos de idade (nascida em 16/03/2004), qualificada às fls. 474, informou que, no mês de **maio de 2018**, na Colônia Terra Nova III, próximo a sua residência, quando a vítima estava em via pública foi abordada pela Denunciada ALINE, a qual deu início ao aliciamento da adolescente, nos seguintes termos:

> Eu conheci primeiro a ALINE porque eu fui comprar din din lá em cima, aí ela me viu, me chamou e perguntou quantos anos eu tinha. Aí ela perguntou se eu queria sair com um homem. Eu fiquei com medo e disse que não. Eu não tive coragem de dizer pra minha mãe, tinha medo de contar, mas toda vez que ela me via ficava perguntando isso de mim, até que um dia ela foi lá em casa e falou pra mamãe pra mim trabalhar na casa dela. Eu fui na casa dela conhecer e vi a BIA pela primeira vez. Ela (ALINE) perguntou se eu queria sair com um velho e eu ia ganhar R$ 100,00 (cem reais). Ela falou bem assim pra mim, tu vai, ei eu te dou o dinheiro pra ti comprar teu celular. Aí eu fiquei com medo e disse que não. Aí ela disse; pensa e falou pra BIA: né BIA que você já foi? Aí a BIA falou eu fui, comprei meu xampu e nem doeu! No mesmo dia ALINE foi falar com a mamãe e disse que eu ia ajudar a cuidar do neném, lavar os tapetes, lavar louça e passar pano. A mamãe deixou. Eu era doida para ter um celular e comecei a pensar em aceitar mas tinha medo. [...]

MINISTÉRIO PÚBLICO DO ESTADO DO AMAZONAS
101ª PROMOTORIA DE JUSTIÇA DA CAPITAL
2ª Vara Especializada em Crimes contra Dignidade Sexual de Crianças e Adolescentes

Entre os meses de **abril e junho de 2018**, a vítima afirmou que foi brincar com Júlia e B. C. S. na casa de ALINE, ocasião em que a Denunciada ALINE convidou a vítima para irem até o "Atacadão comprar umas coisas pra ela". Por essa razão, ALINE e a vítima entraram no carro do marido da Denunciada "um carro preto, placa NOM-8319". Ocorre que ALINE levou a vítima para casa da Denunciada ANA CÁSSIA e chegando ao local, declarou a vítima:

> Lá na frente da casa, a ALINE mandou eu entrar e a ANA CÁSSIA ficava falando, cadê ele que não chega? Tá demorando muito. Aí ela (ANA CÁSSIA) falou que era pra mim tomar banho e eu tomei banho e fiquei no sofá. Foi quando um carro vermelho meio escuro chegou. O homem era um pouco velho, tinha barba e ele entrou na casa. Aí a ANA CÁSSIA perguntou se eu queria água eu disse que queria, quando eu tava bebendo a água **eu vi ele tirando o cinto pra tirar a roupa dele eu acho. Nessa hora eu pulei a janela**, era baixo e aí eu pedi a ajuda do porteiro que tava na frente da escola e ele me mostrou o carro onde a ALINE tava. Eu entrei no carro e a ANA CÁSSIA foi atrás de mim e mandou eu sair do carro, eu falei que não ia sair e a ALINE me levou embora. ELA (ALINE) só perguntou pelo dinheiro, porque era assim: era R$ 100,00 (cem reais) da ANA CÁSSIA, R$ 100,00 (cem reais) da ALINE e R$ 50,00 (cinquenta reais) pra mim. A ALINE me deu R$ 50,00 (cinquenta reais) do dela porque eu disse que ela tinha me chamado pra ir pro Mercadinho e não pra outro lugar.

Pela narrativa acima, não restam dúvidas que ALINE levou a vítima até a casa de ANA CÁSSIA, local onde o Denunciado Raimundo Vale costumava praticar os estupros, para que este consumasse o crime de estupro de vulnerável. Não obstante,

MINISTÉRIO PÚBLICO DO ESTADO DO AMAZONAS
101ª PROMOTORIA DE JUSTIÇA DA CAPITAL
2ª Vara Especializada em Crimes contra Dignidade Sexual de Crianças e Adolescentes

dele na minha vagina ... o mais engraçado é que sempre eu sentia dor" (sic).

Após o estupro, o Denunciado Fabian remunerou a Denunciada Aline, em quantia desconhecida, de maneira que ocorreu a consumação de outro **crime de Estupro de Vulnerável (Art. 217-A do CPB) praticado por** FABIAN NEVES DOS SANTOS.

FATO 6 (AMEAÇAS PERPETRADAS POR ALINE CRISTINA DE SOUZA ANDRADE)

De acordo com o narrado pela vítima no seu sumário psicossocial às fls. 459, verifica-se que a Denunciada ALINE, após conseguir induzir e atrair à prostituição a adolescente B. C. S., em momento posterior e para garantir que a adolescente iria permanecer se sujeitando à prostituição, e, com isso, continuar auferindo lucros desta atividade abjeta, ALINE passou a ameaçar a adolescente em calara forma de impedi-la do abandono da prostituição, inclusive, chegou a perseguir a adolescente na escola.

Eis o trecho em questão:

> Disse ainda que recebia ameaças da sua tia, "se ela suspeitasse e fosse presa ela tinha coragem de me matar, e que Júnior tinha muito dinheiro e podia me matar ... e a Ana Cássia sabia onde eu estudava e ela podia armar pra me matar ... Ela disse que o Júnior era muito calculista ... ela disse que tinha coragem porque não ia pra cadeia por causa de mim"
> [...]
> Ela foi lá no colégio e não me viu lá porque quando ela foi lá, ela falou primeiro com o pedagogo e a diretora falou que eu tava na biblioteca, ela disse que eu tava me escondendo com esse negócio de leitura ... Sempre

MINISTÉRIO PÚBLICO DO ESTADO DO AMAZONAS
101ª PROMOTORIA DE JUSTIÇA DA CAPITAL
2ª Vara Especializada em Crimes contra Dignidade Sexual de Crianças e Adolescentes

acabasse e ficou citando estas ofertas por um tempo, ao passo que "alisava" o braço da declarante, depois Fabian perguntou se a declarante era virgem e esta respondeu que sim, então Fabian disse "tu fez bem em esperar porque tu não devia perder com alguém de perto da tua casa. Porque pensa bem, se tu perder com alguém de lá, todo mundo vai saber, ele vai contar pra todo mundo, já se tu perder comigo eu não vou contar pra ninguém, porque eu sou homem, eu sou moderno e eu vou te amparar e te dar tudo o que tu quiser", mas a declarante repelia à todas as ofertas dizendo "seu Fabian, eu não quero"; Que Fabian não se conformava com a negativa da declarante de forma alguma e insistia muito com as ofertas [...] Que na ocasião Fabian perguntou se a declarante queria ser namorada dele ou se pelo menos aceitava ter uma "amizade colorida" com ele, pois caso aceitasse, como dito, nada lhe faltaria.

Em outra ocasião, E. C. D. N. narrou que estava na sala de arquivo da empresa, quando ouviu Fabian falando ao telefone, razão pela qual foi até a porta, retirou a chave da sala e guardou em seu bolso. Em seguida, o Denunciado entrou na sala e alisou o braço da vítima dizendo que estava com saudades, uma vez que nunca mais tinha conseguido conversar com a adolescente e perguntou se ela havia pensado na proposta dele, ao que a vítima respondeu "eu pensei, eu não quero seu Fabian", mesmo assim o Denunciado insistiu mais uma vez e saiu da sala.

No dia seguinte, a vítima estava novamente na sala de arquivo, sentada no chão, procurando documentos, quando Fabian apareceu e novamente insistiu com as propostas e a declarante negou, ocasião em que, segundo a vítima:

[...] Fabian saiu da sala e depois retornou e começou tudo novamente, mas

MINISTÉRIO PÚBLICO DO ESTADO DO AMAZONAS
101ª PROMOTORIA DE JUSTIÇA DA CAPITAL
2ª Vara Especializada em Crimes contra Dignidade Sexual de Crianças e Adolescentes

dormia. Ele tirou meu short e a ALINE ficou me segurando e me jogou na cama e botou um pano na minha cara pra mim não ver, só vi quando ele tava metendo o dedo dele. Eu chorei e gritei pedido socorro, mas, ninguém me ouviu porque o som tava alto, tava tocando funk, eu me lembro. Ficou um pouco de sangue na minha perna, assim como um cuspe. Eu não consigo dizer se ele colocou o pinto porque meus olhos estavam tampados. No final ALINE me deu R$ 50,00 (cinquenta reais) aí eu fui pra casa. Nesse dia eu passei mal, fiquei com febre, dor de cabeça e tava doendo o meu negócio (vagina).

Também de acordo com a versão acima, a testemunha Celina Plinio da Cruz (qualificada às fls. 495), confirmou que a Denunciada ALINE é sua vizinha e que dois dias após a prisão em flagrante de ALINE e FABIAN, a vítima F. C. F., que é sua filha, a procurou para relatar que também tinha sido vítima de estupro praticada pela dupla, aduzindo que "FABIAN a levou para o quarto da casa da vinha ALINE CRISTINA DE SOUZA ANDRADE, onde introduziu o dedo na vagina da menor F. C. F. e confessou ainda que FABIAN e ALINE prometeram à ela um aparelho celular e a quantia de R$ 50,00 (cinquenta reais)".

Assim, tem-se mais um **crime de estupro de vulnerável praticado por Fabian Neves dos Santos** este com a coautoria de Aline Cristina de Souza Andrade, que além de submeter à vítima a prostituição, acabou por praticar o crime de estupro de vulnerável, uma vez que foi a responsável por imobilizar a vítima para que FABIAN a penetrasse, razão pela qual <u>ambos</u> devem responder pela prática do crime tipificado no Art. 217-A, do CPB, sendo que para alinde deve incidir a causa de aumento constante do Art. 226, II do CPB.

MINISTÉRIO PÚBLICO DO ESTADO DO AMAZONAS
101ª PROMOTORIA DE **J**USTIÇA DA **C**APITAL
2ª Vara Especializada em Crimes contra Dignidade Sexual de Crianças e Adolescentes

por fora uma coisa assim ... ele fazia essas coisas quando ele não tava" (sic). Que "ela ia falar pra todo mundo que eu e as meninas é que se oferecia, ela ameaçou eu de morte e a Julie também foi ameaçada de morte" (sic). Contou que outro dia a Aline foi na sua casa e conversou com a sua mãe, "ela falou Celina tu deixa a tua filha ir lá em casa passar umas roupas ... eu já tinha dito pra ela que a mamãe tava na casa da vovó, mas ela foi assim mesmo ... ai a mamãe disse tá bom ... ai eu fui, passei as roupas ela me deu 10 reais pra comprar um chip eu disse que ia comprar com os meus 50 mesmo e ela disse tá bom" (sic)

Portanto, a Denunciada ALINE, aproveitando-se da proximidade entre F. C. F. e B. C. S., adolescentes na mesma faixa etária, as quais eram a preferência dos Denunciados FABIAN e RAIMUNDO, como de costume aproveitando-se da pobreza e inocência da vítima, decidiu induzir, atrair e até mesmo submeter a adolescente à prostituição, **conduta tipificada como crime de favorecimento da prostituição ou de outra forma de exploração sexual de criança ou adolescente ou de vulnerável, tipificado no Art. 218-B do CPB**, praticado por ALINE CRISTINA DE SOUZA ANDRADE, com a coautoria de ANA CÁSSIA DA SILVA BENTES que será detalhada no tópico seguinte.

Outro pronto que não pode ser esquecido é que as Denunciadas se utilizaram da adolescente B. C. S. para aumentar seu poder indução e atração, **de forma que também praticaram o crime de corrupção de menores, em sua forma majorada, disposto no Art. 244-B, § 2º do ECA.**

FATO 2 (Estupro de Vulnerável tentado praticado RAIMUNDO **A**LVES DO **V**ALE **F**ILHO**)**

MINISTÉRIO PÚBLICO DO ESTADO DO AMAZONAS
101ª PROMOTORIA DE JUSTIÇA DA CAPITAL
2ª Vara Especializada em Crimes contra Dignidade Sexual de Crianças e Adolescentes

FATO 2 (1º ESTUPRO DE VULNERÁVEL PRATICADO POR RAIMUNDO ALVES DO VALE FILHO)

Após todo processo de indução e aliciamento, a Denunciada ALINE conseguiu o seu intento e convenceu B. C. S. a "fazer um programa" com o Denunciado Raimundo Alves do Vale Filho, crime ocorrido provavelmente no mês de **março de 2018**. Contudo, segundo a vítima, **"este (sic) não conseguiu tirar a virgindade, porque a declarante o empurrava e ele desistiu"**.

Segundo narrou a vítima no seu sumário psicossocial: "na primeira vez eu tava toda com medo eu não sabia como agir... ela (a Denunciada Aline) disse que era pra mim sentar na cama e só se ele perguntasse alguma coisa eu falava e na hora do negócio lá era só abrir a minha perna e ficar de olho fechado e pensar no meu celular".

Eis a detalhada descrição dos fatos dado pela vítima:

> Contou que saíram para um lugar e essa foi com a ANA CÁSSIA "e aí apareceu um carro e a gente entrou nele, ela sentou no banco da frente e eu no banco de trás, ele perguntou se eu era a B. C. S., eu disse que sim". Que não sabe o nome dele porque ele sempre foi chamado de velho, "acho que falaram o nome dele, mas não perto de mim... Só lembro que tinha um posto de gasolina do lado ai apareceu um carro (cor de vinho, quatro portas de placa 5639BHK) ... E de lá foram pra um motel". Que chegando lá, "a gente entrou, tinha uma escadinha e a Cassia ficou na escadinha na entrada, e a gente entrou e lá dentro eu sentei na cama ... ele tirou o óculos

MINISTÉRIO PÚBLICO DO ESTADO DO AMAZONAS
101ª PROMOTORIA DE JUSTIÇA DA CAPITAL
2ª Vara Especializada em Crimes contra Dignidade Sexual de Crianças e Adolescentes

f) assédio sexual tipificado no **Art. 216-A, §2º c/c Art. 71**, praticado contra E. C. D. N. ;

g) o crime previsto no **Art. 241-B, do Estatuto da Criança e do Adolescente**, praticado contra W. P. S. ;

4 – RAIMUNDO ALVES DO VALE FILHO

a) estupro de vulnerável (**Art. 217-A, do CPB**) praticado contra B. C. S., por três vezes, devendo ser aplicado o disposto no **Art. 69 do CP**, considerando que os crimes foram praticados em concurso material;

b) exploração sexual de adolescente (**Art. 218-B, §2º, I, do CPB**) praticado contra G. L. L. R. ;

c) estupro de vulnerável tentado (**Art. 217-A c/c Art. 14, II, ambos do CPB**), praticado contra F. C. F. Cruz Ferreira;

d) exploração sexual de adolescente (**Art. 218-B, §2º, I, do CPB**) praticado contra W. P. S. .

Requer, assim, a citação dos Denunciados para apresentarem resposta escrita, no prazo de 10 (dez) dias, devendo, após, ser recebida a denúncia e designada audiência para instrução do feito. Pugna, ainda, pela intimação das vítimas e testemunhas para deporem em Juízo, em dia e hora a serem designados, sob as cominações legais, prosseguindo-se no processo até final com a condenação do acusado nas penas da lei.

Pleiteia-se, ainda, pela fixação dos valores mínimos abaixo individualizados de acordo com a gravidade das condutas praticadas pelas vítimas, a título de

MINISTÉRIO PÚBLICO DO ESTADO DO AMAZONAS
101ª PROMOTORIA DE JUSTIÇA DA CAPITAL
2ª Vara Especializada em Crimes contra Dignidade Sexual de Crianças e Adolescentes

em 16/11/2001), qualificada às fls. 617, relatou que, no dia 17/10/2017, foi contratada pela empresa FORTEVIP, na função de menor aprendiz e começou a trabalhar no setor de Recursos Humanos. Aduziu "que desde o início, quando começou a trabalhar na FORTEVIP, começou a estranhar a conduta do senhor FABIAN NEVES DOS SANTOS, dono da empresa, pois este a olhava dos pés à cabeça e este sempre dizia que a declarante era bonita, que parecia modelo".

Narrou que caminhava pela Rua Buriti do Distrito Industrial até o interior do conjunto Nova República para poder chegar na empresa em que trabalhava, sendo que, por duas vezes o Denunciado FABIAN a pegou no início do trajeto e lhe ofereceu carona.

Na primeira "carona" FABIAN começou a fazer várias perguntas à vítima (onde morava, onde a mãe trabalhava, se o pai morava junto, se tinha namorado, etc). Já na segunda "carona" ocorrida no mês de **março de 2018**, relatou que o Denunciado "foi dirigindo devagar" e começou a fazer várias perguntas "pessoais e familiares" para a vítima "mas pouco antes de chegar à empresa, Fabian desviou o caminho e foi por um outra rua, momento em que a vítima alertou que a empresa era em outra direção, contudo, FABIAN alegou que queria conversar sozinho com E. C. D. N. .

Eis o relato da adolescente:

Que durante esta conversa, Fabian foi muito insistente, fazendo inúmeras ofertas à declarante, dizendo tudo o que poderia lhe dar, como roupas, cursos, emprego, ar condicionado, até para comprar gás de sua casa, caso

MINISTÉRIO PÚBLICO DO ESTADO DO AMAZONAS
101ª PROMOTORIA DE JUSTIÇA DA CAPITAL
2ª Vara Especializada em Crimes contra Dignidade Sexual de Crianças e Adolescentes

anos), E. S. R. (13 anos) e Glena Lorena Leal Rodrigues (14 anos), entre outras, atuando como uma *longa manus* das criminosas, ficando claro a prática do **crime de associação criminosa, majorada pela participação de adolescente (Art. 288, Parágrafo Único, do CPB)**, bem como o **crime de corrupção de menores, em sua forma majorada (Art. 244-B, §2º do ECA)**, este em continuidade delitiva (Art. 71 do CPB).

DA VÍTIMA G. L. L. R. (14 ANOS)

A vítima em questão foi incialmente atraída pela própria Denunciada Aline, no mês de maio de 2018 e posteriormente houve a coautoria de Ana Cássia e a utilização da adolescente B. C. S. para aumentar o poder de indução e atração, de maneira tais condutas são **tipificadas como crime de favorecimento da prostituição ou de outra forma de exploração sexual de criança ou adolescente ou de vulnerável, tipificado no Art. 218-B e §1º do CPB**, praticado por ALINE CRISTINA DE SOUZA ANDRADE, com a coautoria de ANA CÁSSIA DA SILVA BENTES.

Em maio de 2018, G. L. L. R. Lorena foi vítima do crime de **exploração sexual** praticado por RAIMUNDO ALVES DO VALE FILHO, ocorrido na casa de Ana Cássia **Art. 218-B, §2º, I, do CPB.**

No dia 30/05/2018, por volta das 18h30min, na residência de ALINE, a adolescente G. L. L. R. Lorena foi vítima do crime de **exploração sexual** praticado por FABIAN NEVES DOS SANTOS, ocorrido na casa de Aline **(Art. 218-B, §2º, I, do CPB)**. Crime que se repetiu no dia 19/06/2018 no mesmo local, nova incidência do Art. 218-B,

MINISTÉRIO PÚBLICO DO ESTADO DO AMAZONAS
101ª PROMOTORIA DE **J**USTIÇA DA **C**APITAL
2ª Vara Especializada em Crimes contra Dignidade Sexual de Crianças e Adolescentes

Um dia BIA me chamou pra brincar na casa dela aí a gente primeiro tava brincando de boneca e subimos no muro pra pegar goiaba e foi nesse dia que a tia da BIA me disse que tinha um homem que queria tirar a nossa virgindade e eu ia ganhar R$ 100,00 (cem reais) e mais um celular, aí eu falei não e que eu ia contar pra mamãe. Ela falou isso na frente da BIA e a BIA fazia bem assim por trás dela (sinal de negativo com dedo). Aí eu não aceitei e fui pra casa mas não tive coragem de contar pra mamãe.

Em atendimento psicossocial de fls. 498/500, a adolescente deu maiores detalhes do processo de aliciamento feito com a vítima:

Disse que mora perto da casa da Sra. Aline, a qual é tia da B. C. S.. Que não lembra o mês, mas a Aline foi a primeira pessoa a falar consigo, "ela falou F. C. F. tem como tu lavar uns tapetes aqui em casa ... só que a mamãe não sabia de nada ... nem eu ... ei eu fui e lavei dois tapetes grandes e um pequeno" (sic). Que "**ela me ofereceu no dia que eu fui lá e ela disse F. C. F. tem um homem querendo tirar a virgindade de cada uma novinha, eu disse eu não, ela falou eu já te dei 50 reais pelos tapetes ... Eu vou te dar um Tablet e 50 reais, porque eu não tenho dinheiro aqui** ... Não demorou muito eu voltei lá na casa dela e eu falei cadê o Tablet ... ah eu acabei de vender pra Lorena ... Eu voltei e ela mandou a B. C. S. me chamar". Que ela disse que "o Tablet quebrou e depois de novo ela disse que o Tablet e não tinha mais conserto ... **quando eu ia saindo ela me chamou se tu contar pra tua mãe ou pra alguém daqui da rua, eu vou mandar ele te matar primeiro .... ele vai pagar o cara pra te matar ... vai saber onde tu tá ... vai te estuprar e vai saber onde a tua família todinha mora e ainda vai te matar ... ai eu acreditei e não falei**" (sic)

Disse-nos que quando a Aline falou sobre o homem que queria tirar a sua virgindade, ela mostrou a foto dela. Que "ela disse que faz tudo escondido

MINISTÉRIO PÚBLICO DO ESTADO DO AMAZONAS
101ª PROMOTORIA DE JUSTIÇA DA CAPITAL
2ª Vara Especializada em Crimes contra Dignidade Sexual de Crianças e Adolescentes

quando eu vou enfiar ela fica com medo, a minha pica é quase um dedo, porra, é fina igual um dedo, dá certinho"

E ALINE responde: "Mas ela é virgem de pomba. Nunca levou pomba só dedada. Ela só tem 10 anos. Trago ela ... aí tu mete nela. Xiri apertado. Tu vai ser o 1. Vale a pena" (sic) (fls. 731) e FABIAN manda outra mensagem de áudio:

> E vamos deixar pra amanhã, que hoje eu não posso, mas tem que ser cedo, amanhã tipo duas horas da tarde, tem que ser amanhã duas horas da tarde, vou ficar com ela até três horas, tranquilo, despreocupado, entendeu? Sem pressa. Porque quando eu vou meter ela vai fugir, eu meto, foge, aí tem que fazer aquele esquema, tu vai ter que passar pomada e vou ter que comer ela de camisinha, pra poder não anestesiar meu pau.

ALINE concorda e pede para FABIAN avisar com antecedência para que ela já ficasse "botando pomada" na vítima, bem como acertaram o valor de R$ 200,00 (duzentos reais) para vítima e R$ 300,00 (trezentos reais) para ALINE, sendo que ALINE pede que o valor seja todo entregue em suas mãos.

No dia seguinte, **12/07/2018**, os Denunciados novamente trocam mensagens e marcam o **horário de 13h, na casa de ALINE**. No horário combinado FABIAN começa a conversar com ALINE mandando que preparasse a vítima:

> FABIAN: Chegando. Coloca loco a pomada nela.
> ALINE: Ela já ta toda na pomada aqui. O portãozinho ta aberto.
> FABIAN: vou logo avisar: se ela não deixar eu Meter não vai ter grana.
> ALINE: Ela vai deixar.

MINISTÉRIO PÚBLICO DO ESTADO DO AMAZONAS
101ª PROMOTORIA DE JUSTIÇA DA CAPITAL
2ª Vara Especializada em Crimes contra Dignidade Sexual de Crianças e Adolescentes

Denunciados:

Mensagem de Áudio 3 (enviada por FABIAN): "e se não der aí, ai a gente pega a pura, e aí a gente vai, entendeu, a gente vai rapidinho, naquele mesmo lugar, ou então eu vou com a pura sozinho, se for o caso eu levo ela sozinha, depois eu volto com ela, devolvo ela aí pra ti"

Mensagem de Áudio 4 (enviada por ALINE): "mas ela foi pra aula, por isso eu to te falando, ela vai sair quatro horas, e a Bia tá fazendo trabalho aqui, entendeu, ela tá estudando já aqui, eu acabei de ir lá no colégio tentar pegar ela e eu não consegui, vão liberar quatro horas"

Mensagem de Áudio 5 (enviada por FABIAN): **"então vai ter que se a Bia mesmo então, já que só tá a Bia aí, vai ter que ser a Bia mesmo então, tá limpeza aí pra Bia"**

Mensagem de Texto (enviada por ALINE): Então vem

Mensagem de Áudio 6 (enviada por ALINE): **"vou mandar as colega dela sair fora agora, tá, aí vou mandar ela te esperar lá no quarto"**

Mensagem de Texto (enviada por Fabian): Blz

Mensagem de Áudio 7 (enviada por FABIAN): "se deixar o portãozinho aberto, que eu vou parar o carro fora, to com carro grande, mas vou parar o cara fora tá"

Mensagem de Áudio 8 (enviada por FABIAN): "ai entrar aqui no Novo Israel, tá, entrei aqui e, to chegando cada vez mais perto tá, acho que daqui a uns seis minutos acho que já tou aí vii"

Mensagem de Áudio 9 (enviada por ALINE): "tá ok aqui, eu já deixei o portãozinho aberto já só pra ti entrar, já tranquei tudo, tá"

Mensagem de Áudio 10 (enviada por FABIAN): "casa ou tu vai sair?"

Mensagem de Áudio 11 (enviada por FABIAN): "tu vai ficar aí na tua casa ou tu vai sair?"

Mensagem de Áudio 12 (enviada por ALINE): "ficar aqui te esperando, vem

MINISTÉRIO PÚBLICO DO ESTADO DO AMAZONAS
101ª PROMOTORIA DE **J**USTIÇA DA **C**APITAL
2ª Vara Especializada em Crimes contra Dignidade Sexual de Crianças e Adolescentes

Nesta ocasião, Aline produziu uma foto da adolescente nua e a enviou para Fabian que manteve o arquivo armazenado em seu aparelho celular, de forma que **a Denunciada A**LINE **C**RISTINA DE **S**OUZA **A**NDRADE **praticou a conduta criminosa disposta no Art. 240 c/c Art. 241-A, ambos do ECA e o Denunciado F**ABIAN **N**EVES DOS **S**ANTOS praticou o crime previsto no Art. 241-B do ECA.

Além disso, nesse dia 12/7/2018, a Denunciada Aline, ao preparar a vítima para manter conjunção carnal com Fabian, passando "pomada anestésica", concorreu para a prática do crime, na modalidade participação já que auxiliou Fabian para que com a vítima mantivesse conjunção carnal. Assim, a conduta da **Denunciada A**LINE **C**RISTINA DE **S**OUZA **A**NDRADE se amolda ao crime inscrito no art. 217-A do Código Penal.

D**A VÍTIMA J. G. C. S. (14** ANOS**)**

A adolescente em questão foi aliciada e atraída à prostituição pela Denunciada A**LINE** C**RISTINA DE** S**OUZA** A**NDRADE**, sendo que posteriormente, Aline obrigou B. C. S. a aliciá-la, todavia, **o crime de Favorecimento da Prostituição permaneceu em sua forma tentada (Art. 218-B c/c Art. 14, II do CPB).**

Consta ainda que A**LINE** C**RISTINA DE** S**OUZA** A**NDRADE** praticou o crime de ameaça **(Art. 147 do CPB)** contra a adolescente e corrupção de menores **Art. 244-B, §2º do ECA,** vez que, face as ameaças sofridas, a vítima chegou a conversar com outras meninas de sua escola, aliciando-as a mando de ALINE.

D**A VÍTIMA E. C. D. N. (16** ANOS**)**

MINISTÉRIO PÚBLICO DO ESTADO DO AMAZONAS
101ª PROMOTORIA DE JUSTIÇA DA CAPITAL
2ª Vara Especializada em Crimes contra Dignidade Sexual de Crianças e Adolescentes

DA VÍTIMA W. P. S. :

Após a prisão dos Denunciados, compareceu à Delegacia Especializa a vítima W. P. S. , atualmente com 18 anos de idade (nascida em 09/09/2000), qualificada às fls. 844, para relatar que, no início de 2018, conheceu a Denunciada ALINE, na época que ainda estava grávida, sendo que por morarem em casas próximas, chegaram a ter amizade e W. P. S. passou a frequentar a casa de ALINE.

Afirmou a vítima, que quando já tinham certa amizade, ALINE lhe disse que sempre que precisava de dinheiro, ela tinha os contatos dela e **"então perguntou a declarante se esta 'saía' o que foi entendido por esta, se ela costumava fazer programas sexuais, então a declarante respondeu positivamente e então Aline completou "se tu quiser tem".**

Segue W. P. S. e declara que, no **ano de 2018**, em data que não se recorda, mas a vítima afirma que ainda tinha 17 (dezessete) anos, no horário da tarde, ALINE e a vítima foram até a **casa de ANA CÁSSIA**, no local a vítima assim descreveu o ocorrido:

> Que a declarante ficou sozinha no quarto com o homem, a quem agora reconhece por fotografia indubitavelmente como sendo RAIMUNDO ALVES DO VALE FILHO, que acredita que era o quarto de Ana Cássia, que tem um banheiro dentro, não tem janela e tem cama de casal e guarda roupa; **Que o combinado pelo programa era a que a declarante manteria relação sexual com um homem e que por isso receberia a quantia de R$ 150,00,**

MINISTÉRIO PÚBLICO DO ESTADO DO AMAZONAS
101ª PROMOTORIA DE **J**USTIÇA DA **C**APITAL
2ª Vara Especializada em Crimes contra Dignidade Sexual de Crianças e Adolescentes

prática do crime, na modalidade participação já que auxiliou Fabian para que com a vítima mantivesse conjunção carnal.

Assim, sua conduta se amolda ao crime inscrito no art. 217-A do Código Penal.

DA VÍTIMA J. G. C. S.:

A vítima J. G. C. S., adolescente com 14 anos de idade (nascida em 09/04/2004), qualificada às fls. 508, relatou que estuda na mesma escola que B. C. S. e meses atrás, B. C. S. foi conversar com a vítima e disse: **"tem uma amiga da minha tia, que pega as meninas pra levar pra um homem"**.

Nessa conversa, a vítima perguntou quem era esse homem e B. C. S. respondeu **"é um homem que vão te levar pra fazer (sexo)"**. Aduziu a vítima que não aceitou e B. C. S. continuou insistindo, ocasião em que perguntou se a vítima era virgem e a vítima respondeu afirmativamente.

No dia seguinte, a adolescente B. C. S. novamente abordou a vítima e disse que sua tia (ALINE) queria conhecê-la o que foi anuído pela vítima. Chegando ao local, a vítima relatou que o marido de ALINE estava na sala, razão pela qual foram para o quarto de B. C. S., então **"Bia e a tia dela, entraram no quarto e Bia trancou a porta. A tia de Bia entrou e falou 'Bia disse que tu aceitou', mas eu já fui logo falando que que não aceitei e que eu disse pra Bia que não, que eu não gosto disso e tenho nojo disso, mas então a tia dela disse assim 'tu vai e eu te dou duzentos reais' aí eu disse**

MINISTÉRIO PÚBLICO DO ESTADO DO AMAZONAS
101ª PROMOTORIA DE **J**USTIÇA DA **C**APITAL
2ª Vara Especializada em Crimes contra Dignidade Sexual de Crianças e Adolescentes

em vista as fotos produzidas por Aline e enviadas e armazenadas por FABIAN, a Denunciada Aline praticou a conduta criminosa disposta no Art. 240 c/c Art. 241-A, ambos do ECA e o Denunciado Fabian praticou o crime previsto no Art. 241-B do ECA.

FATO 4 (2º EXPLORAÇÃO **S**EXUAL PRATICADA POR **F**ABIAN **N**EVES DOS **S**ANTOS**)**

Após o crime anterior, os Denunciados ALINE e FABIAN trocaram várias mensagens de texto, nas quais ALINE ofereceu pelo menos três adolescentes à FABIAN. No dia 14/06/2018, a Denunciada ALINE começou a sugerir que FABIAN ficasse com duas jovens ao mesmo tempo, sendo que este respondeu que "Elas não tem maturidade pra isso ainda não" e mandou o seguinte áudio "**vai na Lorena mesmo, vou terminar de comer a Lorena hoje, bem comido, porque a Bia eu já comia a Bia bem comido já, aí eu vou comer a Lorena bem comido hoje, aí depois eu passo pra comer a Bia, pra não deixar ela na vontade**".

No dia **19/06/2018**, ALINE e FABIAN começaram a trocar as mensagens constantes das fls. 718/721, onde combinam que FABIAN iria ter relações sexuais com duas adolescentes: G. L. L. R. LORENA e F. C. F. da Cruz Pereira, 13 anos de idade, a quem apelidaram de "indiazinha". No horário de 17h39, o Denunciado FABIAN manda uma mensagem de voz para ALINE: "aqui no bairro já viu, já tô passando aqui perto da delegacia, já já eu chego aí, deixa logo as meninas aí tudo esquematizada aí no quarto que eu já entro" e envia outra mensagem de áudio às 17h41: "aquela que tu falou, que chupa gostoso, tá aí já, a indiazinha?", além disso pede uma foto de ambas as jovens, o que é atendido por ALINE.

Documento encaminhado pelo Ministério Público Federal do Amazonas à Subprocuradoria de Direitos Humanos da Procuradoria Geral da República relata que, além de favorecer a prostituição infantil, a cúpula da polícia de Manaus comandava um centro de extorsão e tortura dentro da Secretaria de Segurança Pública.

DIREITOS HUMANOS – CRIMES COMETIDOS POR SECRETÁRIO DE ESTADO (SEGURANÇA PÚBLICA) – 2

MINISTÉRIO PÚBLICO FEDERAL
PROCURADORIA DA REPÚBLICA NO AMAZONAS

ESENHORA PROCURADORA FEDERAL DOS DIREITOS DO CIDADÃO,

Pelo presente, levamos ao conhecimento de Vossa Excelência, solicitando injunções perante o Ministério da Justiça, o seguinte:

Vem ocupando a Secretaria de Segurança Pública do Estado do Amazonas, há aproximadamente seis anos, a pessoa de Klinger de Araújo Costa, o qual ao longo deste período, no entender do signatário, vem prestando um deserviço em prol dos Direitos Humanos, justamente, segundo a imprensa, uma das políticas incentivadas pelo Ministério da Justiça, e que levou o Sr. Ministro até a receber prêmios internacionais.

Ocorre, Excelência, que o Secretário de Justiça nominado, a despeito de declarar-se inocente, posto que nunca fora, segundo ele, condenado pela Justiça, tem um passado e presente todo voltado para o cometimento de crimes que infrigem as mais elementares normas de proteção a pessoa humana.

A História de desrespeito praticada pelo Secretário é longínqua e de conhecimento público, notório, filmado e gravado neste Estado. Assim é que temos:

a) Em 1964, o atual Secretário foi acusado da prática de tortura. Alega ele, no entanto, que esta acusação decorre do regime de exceção então instalado no país, versão essa fantasiosa pois fatos posteriores (capturados em áudio e vídeo) demonstram o contrário, ou seja, uma pessoa violenta e arbitrária no comando de uma instituição pública que deveria prezar pela integridade dos cidadãos.

Naquele ano, foi o mesmo demitido do cargo que então ocupava de Professor Interino da cadeira de Direito Usual, do Colégio Comercial Solon de Lucena, conforme cópia do Diário Oficial de 6/10/64. Pasem, Excelência, se como professor ele já era violento imagine no exercício de cargo que melhor lhe proporciona instrumentos para dar vazão a seus "instintos bestiais";

b) O Jornal "Amazonas em Tempo" de 06/06/98, trazia a seguinte manchete: "Secretário de Segurança do AM é acusado de torturar agente da PF". A reportagem dava conta que a Federação Nacional dos Policiais Federais havia denunciado o Secretário Klinger Costa, ao MPF, por abuso de autoridade, prisão arbitrária e tortura (inclusive choques) do agente federal Adilson Alberto Gonçalves Filho. Instaurado Inquérito Policial para apurar o caso, e ouvida a vítima esta declarou que se encontrava na companhia de amigos em um bar desta cidade quando policiais militares, trajando coletes da polícia civil, abordaram os frequentadores do local, sob a coordenação do Secretário Klinger Costa. Por entender que a operação era clandestina, o agente da polícia federal, se identificando com tal através de sua credencial, pediu justificativas, havendo sido preso, agredido e insultado, sob a acusação de resistência. Segundo ele, já imobilizado, teria sido agredido pelo próprio Secretário;

c) O CDDPH do Ministério da Justiça recentemente instaurou processo, que está ainda em tramitação, para apurar atos de violência contra o ser humano praticados pelo nominado Secretário, cuja Comissão fora integrada pelo Procurador da República Carlos Frederico Santos e o humanista Hélio Bicudo. As conclusões da referida Comissão são pela prática de atos violadores dos direitos humanos. Inexplicavelmente, este processo encontra-se parado sem qualquer atenção dos responsáveis por seu andamento e conclusão final;

d) Temos em nosso poder, e foi divulgado pela mídia local, filmagens (áudio e vídeo) em que o referido Secretário aparece espancando uma pessoa que supostamente teria assaltado uma casa lotérica. Apesar da robustez e contundência da prova, o Governador do Estado - responsável também por tais arbítrios posto que, podendo evitá-los, se omite - optou pela permanência do Secretário no cargo de confiança a despeito da solicitação de todos os Procuradores da República lotados na PR/AM para que o mesmo fosse afastado, sob a alegativa de que o Secretário deve ser tido como inocente, escudado na previsão constitucional, uma vez que ainda não fora julgado. Ainda não fora nem jamais será, posto que o Tribunal de Justiça deste Estado sequer aprecia as inúmeras denúncias contra ele formuladas, posição que não difere até da adotada pelo Ministério da Justiça;

e) O caso que levou à instauração da Comissão citada na alínea "b" é a existência de uma organização denominada PPK – POLÍCIA PARALELA DO KLINGER, comandada pelo próprio Secretário e integrada, principalmente, por Policiais Militares, à sua disposição. Esta PPK, sempre que os holofotes da mídia nacional se voltam contra esses crimes que lesam a humanidade, se recolhe em suas atividades criminosas voltando a atuar logo que os refletores se apagam.

Recentemente, duas pessoas foram presas no interior de um coletivo nesta capital, estando uma delas com uma faca na cintura, razão pela qual foram tidas pelos ocupantes do coletivo como possíveis assaltantes (o fato chama atenção pela singeleza de imaginar-se que duas pessoas iriam assaltar um coletivo com vários passageiros estando apenas uma delas armada com uma faca). Dominados pelos populares, os dois apontados assaltantes foram entregues a policiais lotados no Gabinete do Secretário, ou seja, integrantes da PPK. Uma dessas pessoas veio a falecer ainda durante a prisão, sendo que a outra narrou o que teria acontecido, dizendo ela basicamente o seguinte: que foram espancados pelos militares com um taco de baseball (a única alegativa apresentada pelo comandante dessa equipe, Major PM Itamar Brito Gonçalves, é que ele não possui um taco de baseball, sendo que este é um pedaço de madeira roliça com aproximadamente 80 cm de comprimento, podendo portanto ser qualquer árvore da floresta amazônica cortada com tais características), sendo posteriormente levadas para uma cela na Delegacia de Roubos e Furtos, onde um dos presos, bastante lesionado, veio posteriormente a falecer.

O sobrevivente, menor Ítalo José Cândido Bento (16 anos), que narrou os fatos ao Juiz da Infância e da Juventude, bem como ao Promotor de Justiça Ronaldo Andrade, acusando os policiais ligados ao Secretário, veio, poucos dias após, a ser executado com vários tiros por três homens no bairro em que morava.

Segundo o jornal "Amazonas em Tempo" de 14.11.2000, o Juiz da Infância e da Juventude Celso Gioia afirmou: "Ele foi entregue ao responsável, D. Maria da Conceição, já com a observação, a orientação de que ele deveria ser guardado para evitar qualquer represália." Ou seja, o próprio Magistrado já sabia o futuro que esperava o referido menor, certamente por saber com que estava tratando com integrantes da famigerada, protegida e atuante PPK.

Para este caso escabroso a justificativa das autoridades responsáveis, chefiadas pelo Secretário, fora a de que o menor possivelmente teria sido morto pelos ocupantes do ônibus que supostamente tentara assaltar. Acredite se quiser!

f) Um dos crimes que mais cresce na capital do Amazonas é o praticado por pessoas usando motocicletas e capacetes – veículo que permitem sua fuga rápida e objeto que impede suas identificações. Assim é que temos, apenas para citar, os seguintes casos:

- Atentado contra o advogado Abdalla Sahdo;
- Morte de José Rodrigues Ferreira, o Allan, na porta da Delegacia Especializada de Homicídios e Sequestros;
- Morte de militar aposentado e colaborador ligado ao jogo do bicho;
- Morte de Maria Isabel de Lima, conhecida como Tia Deusa.

Além desses casos, ocorreram inúmeros outros, estando em vários deles as vítimas algemadas tendo recebido tiros na cabeça (prática reconhecida de grupos de extermínio - justiceiros), sendo que seus parentes informam que muitas delas foram levadas de suas casas por pessoas que se identificaram como policiais.

A versão fácil da Polícia é sempre a mesma: de que se trata de briga entre traficantes. Versão que cai por terra se considerarmos que nenhum traficante se dispõe a montar equipes para buscar a vítima em sua casa sem provocar qualquer reação imediata da mesma que, a prevalecer aquela versão, os identificaria como tais e não os seguiria ou tudo aconteceria no local. Além do mais não usariam algemas, não levariam a vítima para lugares ermos, nem gastariam tanta munição em lugar tão mortal da vítima.

A despeito de toda essa história hereditária de violência, o Secretário de Segurança, tido por "xerife", foi contemplado com R$ 18.000.000,00 (dezoito milhões de reais) do Governo Federal para aplicar na segurança pública. Ora, Excelência, no mínimo ocorre no caso uma contradição invencível entre a posição decantada pelo Governo Federal de respeito aos Direitos Humanos e a realidade do Estado do Amazonas comandada pelo Secretário acima citado.

Como pode um Governo liberar recursos para quem tanto desrespeita os Direitos Humanos, quando não está obrigado constitucionalmente para tanto e prega internacionalmente que incentiva a política de respeito àqueles direitos?

Quando se fala em desrespeito aos Direitos Humanos praticado nas Unidades Federadas, os criminosos de plantão (governantes) e as autoridades federais, que com tal desrespeito compactuam, sempre alegam que o princípio federativo é uma barreira a proteger os primeiros e impedir a ação das segundas, ou seja, a autoridades estaduais dizem que são autônomas e não estão obrigadas a aceitar qualquer interferência das autoridades federais; estas, por sua vez, alegam que não podem atuar porque os Estados são autônomos e tal atuação violaria o princípio federativo.

Sabemos, Excelência, que nos Estados Unidos esta mesma alegativa era usualmente utilizada pelas Unidades Federadas para não adotarem a legislação federal que lhes impunha qualquer restrição. A resistência foi vencida pelo Governo Federal a partir do momento em que ele passou a condicionar o repasse não-obrigatório de recursos federais à prévia adoção de sua legislação.

A resistência dos Estados-membros contava com o apoio da Suprema Corte americana que constantemente declarava a inconstitucionalidade das leis federais que, no entender daquelas, avançavam suas autonomias. No entanto, ao final, vieram os Estados a aceitarem, juntamente com a Corte de Justiça, a legislação federal num processo que ficou conhecido como "New Deal".

Pensamos, assim, que a mesma atitude positiva de direito afirmativo pode ser adotada pelo Governo Federal, qual seja, efetuar repasses não-obrigatórios ao Governo do Estado do Amazonas somente após a adoção efetiva, não meramente retórica, da política de Direitos Humanos que o Brasil afirma adotar perante a comunidade Internacional.

Isto posto, destina-se o presente a solicitar a Vossa Excelência que faça injunções junto ao Ministério da Justiça, mostrando a realidade do Estado do Amazonas no que tange aos Direitos Humanos, bem como solicitando que não efetue o referido repasse enquanto providências efetivas não forem adotadas.

Manaus, 16 de fevereiro de 2001.

Osório Barbosa

Procurador da República

Denúncia do Ministério Público esmiúça como funcionava uma rede de prostituição infantil que aliciava meninas indígenas para empresário e políticos do município de São Gabriel da Cachoeira (AM).

MINISTÉRIO PÚBLICO FEDERAL
PROCURADORIA DA REPÚBLICA NO AMAZONAS

EXCELENTÍSSIMO(A) SENHOR(A) DOUTOR(A) JUIZ(A) FEDERAL DA 4ª VARA DA SEÇÃO JUDICIÁRIA DO AMAZONAS,

RÉUS PRESOS!!!

Autos do IPL n. 773/2012 (12065-11.2013.4.01.3200).
DENÚNCIA.

O **MINISTÉRIO PÚBLICO FEDERAL**, pelo Procurador da República abaixo firmado, comparece à douta presença de Vossa Excelência, no exercício de sua atribuição de *dominus litis*, com fundamento no Art. 129, Inciso I, da Constituição Federal, e, no Art. 6º, Inciso V, da Lei Complementar Federal nº 75/93, e no Art. 24 do Código de Processo Penal, oferecer **DENÚNCIA** em face de:

1. **ADRIANA LEMOS VASCONCELOS**, brasileira, filha de Marcília Maria Lemos Vasconcelos e Tarciano Saldanha Vasconcelos, não tem CPF, nem RG, nascida em 06/12/1990 (certidão de nascimento), residente e domiciliada na rua Traíra, 179, Areal – São Gabriel da Cachoeira/AM.

2. **AELSON DANTAS DA SILVA**, brasileiro, filho de Adalgisa Herisina Dantas e Luiz Souto Filho, nascido em 24/02/1950, inscrito no CPF sob o n. 052.653.634-91, R.G. n. 0391895-5 – SSP/AM, residente e domiciliado na rua Acariquara, 23, Morro do Mutum, Nova Esperança – São Gabriel da Cachoeira/AM.

MINISTÉRIO PÚBLICO FEDERAL
PROCURADORIA DA REPÚBLICA NO AMAZONAS

fl. 205), atualmente com 16 anos, no qual alegou que nunca se prostituiu, mas que sua amiga DIANA, costumava se envolver sexualmente com os irmãos ARIMATÉIA, MARCELO e MANUEL CARNEIRO; que **por várias vezes** acompanhou as menores DIANA ou MICHELE no carro de MANUEL CARNEIRO, o qual as levava para a Chácara do Elias (motel); que chegou a entrar nos quartos da Chácara do Elias, oportunidades em que MANUEL CARNEIRO pedia para fazer sexo com a menor; que nestas oportunidades recebia dinheiro deste.

VII.h) No depoimento da menor indígena RENATA KARINE DOS SANTOS NASCIMENTO (fls. 206), DN 03/04/1998, atualmente com 15 anos, oportunidade em que alegou que nunca se prostituiu, mas que fora convidada por diversas vezes por MANUEL CARNEIRO para fazer sexo; que viu por diversas vezes MANUEL CARNEIRO e LUCAS nas ruas do bairro Miguel Quirino a procura de menores para fazer sexo.

VII.i) No depoimento da menor indígena NATÁLIA DA SILVA PEREIRA (fls. 209/210), DN 25/12/1996 (certidão à fl. 211), atualmente com 16 anos, no qual declarou que nunca se prostituiu, mas que ouviu comentários dando conta de que os irmãos ARIMATÉIA, MARCELO e MANUEL CARNEIRO, além do ex-vereador AELSON DANTAS, pagavam meninas menores de idade para prática de sexo.

VIII. **Em relação a ARIMATÉIA CARNEIRO PINTO**, restou configurada a prática dos crimes previstos nos arts. 217-A, 218-A e 218-B, § 2o, inciso I, na forma aumentada prevista no art. 71, pela continuidade delitiva, e art. 344, todos do Código Penal, bem como o art. 241-B, do Estatuto da Criança e do Adolescente, com base no seguinte:

VIII.a) No depoimento da menor indígena MARIA DIRCILENE CASTRO LANA (fls. 178/179), DN 15/03/1997 (fl. 180), atualmente com 16 anos, confirmando as declarações anteriormente prestadas às fls. 70/71, 74/75 e 80/81, no qual ratificou que manteve relações sexuais em troca de dinheiro com os irmãos ARIMATÉIA (desde os 12 anos da menor) e MARCELO (desde os 14 anos da menor).

VIII.b) No depoimento da menor indígena ADALGISA CLARA DO CARMO ÁLVARES, (fls. 182/183), DN 01/02/1995, atualmente com 18 anos, confirmando as declarações anteriormente prestadas às fls. 60/63, no qual relatou que fora ameaçada pelos

MINISTÉRIO PÚBLICO FEDERAL
PROCURADORIA DA REPÚBLICA NO AMAZONAS

irmãos MARCELO, por mais de uma vez, e ARIMATÉIA em razão das declarações prestadas na polícia, conforme certidão de ocorrência de fls. 290.

VIII.c) No depoimento da menor indígena CRISTIANE LOPES FERREIRA (fls. 186/187), DN 26/04/1996 (fl. 188), atualmente com 16 anos, confirmando as declarações anteriormente prestadas às fls. 73, no qual esclareceu que **manteve três relações sexuais** em troca de dinheiro com o comerciante ARIMATÉIA no ano de 2010, quando a menor contava com 14 anos, oportunidades em que também se faziam presentes as menores DELIANE (12 anos na época) e JOSETE (16 anos na época).

VIII.d) No depoimento da menor indígena DELIANE CORDEIRO DA SILVA (fls. 189/190), DN 27/01/1998, atualmente com 15 anos, confirmando as declarações anteriormente prestadas às fls. 88/89, no qual informou que manteve relações sexuais em troca de dinheiro com os irmãos MARCELO, ARIMATÉIA e MANUEL CARNEIRO, época em que contava com 13 anos, datando as últimas relações do ano de 2011.

VIII.e) No depoimento da menor indígena DARA MIRIAN LOPES OTERO (fls. 191/192), DN 31/12/1995, atualmente com 17 anos, confirmando as declarações anteriormente prestadas às fls. 86/87, no qual aduziu que manteve relações sexuais em troca de dinheiro com os comerciantes MARCELO, ARIMATÉIA e MANUEL CARNEIRO, fatos iniciados quando a menor contava com 13 anos.

VIII.f) No depoimento da menor indígena DIANA SAMPAIO ZEDAN (fls. 193/194), DN 27/01/1998 (fl. 195), atualmente com 15 anos, confirmando as declarações anteriormente prestadas às fls. 28/30 do Apenso I, Volume I, no qual relatou que **manteve três relações sexuais em troca de dinheiro** com ARIMATÉIA em março de 2011, época em que a menor contava com 13 anos, fatos ocorridos na casa do agressor.

VIII.g) No depoimento da menor indígena VIVIANE DA SILVA BALTAZAR (fls. 196/198), DN 30/11/1995 (fl. 199), atualmente com 17 anos, no qual declarou que manteve **cerca de dez relações sexuais em troca de dinheiro** com ARIMATÉIA CARNEIRO, fatos ocorridos entre os anos de 2010 e 2011, quando a menor contava com 14 anos; **que engravidou de ARIMATÉIA, dando a luz ao menor Caio Henrique (DN 20/09/2012).**

MINISTÉRIO PÚBLICO FEDERAL
PROCURADORIA DA REPÚBLICA NO AMAZONAS

VIII.h) No depoimento da menor indígena KATHENN MICHELLE CUNHA CARDOSO (fls. 200/201), DN 07/11/1997 (fl. 202), atualmente com 15 anos, no qual informou que manteve relações sexuais em troca de dinheiro com ARIMATÉIA **por três vezes no ano de 2012, entre os meses de abril e junho**, época em que a menor contava com 14 anos; que em duas destas oportunidades presenciou ARIMATÉIA fazer sexo com a também menor DIANA.

VIII.i) No depoimento da menor indígena JANIMARA IMACULADA CONCEIÇÃO MARTINS LANA (fls. 203/204), DN 19/08/1996 (fl. 205), atualmente com 16 anos, no qual alegou que nunca se prostituiu, mas que sua amiga DIANA, costumava se envolver sexualmente com os irmãos ARIMATÉIA, MARCELO e MANUEL CARNEIRO.

VIII.j) No depoimento da menor indígena NATÁLIA DA SILVA PEREIRA (fls. 209/210), DN 25/12/1996 (fl. 211), atualmente com 16 anos, no qual declarou que nunca se prostituiu, mas que ouviu comentários dando conta de que os irmãos ARIMATÉIA, MARCELO e MANUEL CARNEIRO, além do ex-vereador AELSON DANTAS, pagam a meninas menores de idade para terem sexo.

VIII.k). No depoimento de ROSÂNGELA DOS SANTOS SOARES, Diretora da Escola Estadual Sagrada Família, em Termo de declarações às fls..588/589, no qual informou que suas alunas relataram envolvimento sexual com os comerciantes MARCELO e ARIMATÉRIA.

VIII.l) Nas conclusões do Laudo de Exame do Local (fls. 659/667), no qual constatou diversas convergências entre os depoimentos das vítimas MARIA DIRCILENE CASTRO LANA (fl. 179), KATHENN MICHELLE CUNHA CARDOSO (fls. 200/201), notadamente em relação aos móveis e aparelhos eletrônicos existentes na residência.

VIII.m) Nas conclusões do Laudo de Exame do Local (fls. 679/685), realizado no material obtido em **22/05/2013**, por meio do Auto Circunstanciado de Busca e Arrecadação (fls. 74/77, apenso IV. do IPL n. 773/2012), no qual constatou, em análise a 01 (um) disco rígido da marca SEAGATE, modelo ST9500325AS, número de série 5VEVCL7Q, 500 GB, 07 (sete) vídeos contendo cenas de sexo explícito e que possuem nomes comumente utilizados em arquivo relacionados à pornografia infantojuvenil, conforme

MINISTÉRIO PÚBLICO FEDERAL
PROCURADORIA DA REPÚBLICA NO AMAZONAS

relação a seguir: a) 11 aninhos.3gp; b) 12 aninhos.3gp; c) 14 aninhos – Cópia.3gp; d) 15 anos safadinha.3gp; e) 15 anos de idade.3gp; f) adolecência.3gp e g) Cópia de 16 anos "apertadinha".3gp. Merece registro que o Laudo consignou, ainda, que as pessoas exibidas nos vídeos relacionados nas alíneas "a" e "b" possuem os seios em formação, características de adolescentes do sexo feminino, conforme cenas insertas na figura à fl. 684, **o que configura também o tipo descrito no art. 241-B, do Estatuto da Criança e do Adolescente, por possuir/armazenar vídeo com cena de sexo explícito ou pornográfica envolvendo criança ou adolescente.**

VIII.n) Nos depoimento das menores indígenas GISLAINE DO CARMO ÁLVARES (fls. 176/177) e ADALGISA CLARA DO CARMO ÁLVARES (182/183), no que se refere à conduta típica imputada ao ora acusado ARIMATÉIA CARNEIRO PINTO, de uso de grave ameaça, em desfavor da menor ADALGISA CLARA DO CARMO ÁLVARES, em **AGOSTO DE 2012**[1], com participação de seu irmão MARCELO e presenciada pela tia da menor, EUGÊNIA ÁLVARES, conforme relato à fl. 183, **configurando o crime previsto no art. 344, do Código Penal.**

IX. **Em relação a MARCELO CARNEIRO PINTO**, restou configurada a prática dos crimes previstos nos arts. 217-A, 218-A, 218-B, § 2o, inciso I, e art. 344, na forma aumentada prevista no art. 71, pela continuidade delitiva, todos do Código Penal, com base no seguinte:

IX.a) No depoimento da menor indígena SOLANGE MARA DO CARMO ÁLVARES, DN 18/05/2000, (fls. 174/175), atualmente com 12 anos, confirmando as declarações anteriormente prestadas (fls. 53/54), no qual relatou que manteve relação sexual com o comerciante MARCELO **por três vezes, em troca de dinheiro,** fato ocorrido no carro do agressor.

IX.b) No depoimento da menor indígena MARIA DIRCILENE CASTRO LANA (fls. 178/179), DN 15/03/1997 (fl. 180), atualmente com 16 anos, confirmando as declarações anteriormente prestadas às fls. 70/71, 74/75 e 80/81, no qual ratificou que manteve relações sexuais em troca de dinheiro com os irmãos ARIMATÉIA (desde os 12 anos da menor), MARCELO (desde os 14 anos da menor), tendo presenciado

---
[1] Intelecção extraída do depoimento da menor ADALGISA CLARA DO CARMO ÁLVARES a fl. 183.

MINISTÉRIO PÚBLICO FEDERAL
PROCURADORIA DA REPÚBLICA NO AMAZONAS

este mantendo relações sexuais com a também menor DELIANE, e MANUEL CARNEIRO (desde os 12 anos da menor).

IX.c) No depoimento da menor ADALGISA CLARA DO CARMO ÁLVARES, (fls. 182/183), DN 01/02/1995, atualmente com 18 anos, no qual confirma as declarações anteriormente prestadas às fls. 60/63, no qual relatou que manteve diversas relações sexuais em troca de dinheiro com o comerciante MARCELO, datando a última de abril de 2012.

IX.d) No depoimento da menor indígena EDILENE SAMPAIO AIRES (fls. 184), DN 22/01/1995 (fl. 185), atualmente com 18 anos, confirmando as declarações anteriormente prestadas às fls. 78/79, no qual informou que manteve relações sexuais em troca de dinheiro com o comerciante MARCELO **entre os anos de 2010 e 2012**. Neste ponto, insta registrar que às fls. 485, EDILENE SAMPAIO AIRES representou formalmente em desfavor de MARCELO CARNEIRO PINTO.

IX.e) No depoimento da menor indígena CRISTIANE LOPES FERREIRA (fls. 186/187), DN 26/04/1996 (fl. 188), atualmente com 16 anos, confirmando as declarações anteriormente prestadas às fls. 73, esclareceu que manteve uma relação sexual em troca de dinheiro com o comerciante MARCELO no ano de 2010.

IX.f) No depoimento da menor indígena DELIANE CORDEIRO DA SILVA (fls. 189/190), DN 27/01/1998, atualmente com 15 anos, confirmando as declarações anteriormente prestadas às fls. 88/89, no qual informou que manteve relações sexuais em troca de dinheiro com os irmãos MARCELO, ARIMATÉIA e MANUEL CARNEIRO, época em que contava com 13 anos, datando as últimas relações do ano de 2011.

IX.g) No depoimento da menor indígena DARA MIRIAN LOPES OTERO (fls. 191/192), DN 31/12/1995, atualmente com 17 anos, confirmando as declarações anteriormente prestadas às fls. 86/87, no qual aduziu que manteve relações sexuais em troca de dinheiro com os comerciantes MARCELO, ARIMATÉIA e MANUEL CARNEIRO, fatos iniciados quando a menor contava com 13 anos.

IX.h) No depoimento da menor indígena DIANA SAMPAIO ZEDAN (fls. 193/194), DN 27/01/1998 (fl. 195), atualmente com 15 anos, confirmando as declarações anteriormente prestadas às fls. 28/30 do Apenso I, Volume I, no qual relatou que

MINISTÉRIO PÚBLICO FEDERAL
PROCURADORIA DA REPÚBLICA NO AMAZONAS

viu as menores AMANDA e LINDALVA ("QUILVINHA") mantendo relações sexuais em troca de dinheiro com MARCELO, fato ocorrido no carro deste.

IX.i) No depoimento da menor indígena VIVIANE DA SILVA BALTAZAR (fls. 196/198), DN 30/11/1995 (fl. 199), atualmente com 17 anos; declarou que manteve **cerca de dez relações sexuais em troca de dinheiro** com MARCELO CARNEIRO, **fatos iniciados em 2009 quando a menor contava contava com 13 anos**, tendo perdido a virgindade com o este; **que presenciara MARCELO manter relações sexuais por duas vezes com a menor KATIÚSCIA, fato ocorrido em 2009.**

IX.j) No depoimento da menor indígena JANIMARA IMACULADA CONCEIÇÃO MARTINS LANA (fls. 203/204), DN 19/08/1996, atualmente com 16 anos, no qual alegou que nunca se prostituiu, mas que sua amiga DIANA, costumava se envolver sexualmente com os irmãos ARIMATÉIA, MARCELO e MANUEL CARNEIRO.

IX.k) No depoimento da menor indígena RENATA KARINE DOS SANTOS NASCIMENTO (fls. 206), DN 03/04/1998, atualmente com 15 anos, no qual alegou que nunca se prostituiu, mas que MARCELO a pediu para não dizer a ninguém que se envolvia com a menor VIVIANE.

IX.l) No depoimento da menor indígena CLEOMAR GARRIDO GOMES, conhecida pelo apelido de CLEOMARA, (fls. 207), DN 03/07/1993, atualmente com 19 anos, no qual relatou que nunca se prostituiu, mas que no ano de 2010, quando tinha 16 anos, acompanhada da também menor TATIANA, foi levada pelo comerciante MARCELO para o ramal 01, área rural de São Gabriel da Cachoeira/AM, por volta das 20h, local em que presenciou os dois últimos mantendo relação sexual; que TATIANA recebia dinheiro para se relacionar com MARCELO.

IX.m) No depoimento da menor indígena NATÁLIA DA SILVA PEREIRA (fls. 209/210), DN 25/12/1996, atualmente com 16 anos, no qual declarou que nunca se prostituiu, mas que ouviu comentários dando conta de que os irmãos ARIMATÉIA, MARCELO e MANUEL CARNEIRO, além do ex-vereador AELSON DANTAS, pagavam a meninas menores de idade para terem sexo.

IX.n) No depoimento de ROSÂNGELA DOS SANTOS SOARES, Diretora da Escola Estadual Sagrada Família, prestou declarações às fls. 588/589, no qual

MINISTÉRIO PÚBLICO FEDERAL
PROCURADORIA DA REPÚBLICA NO AMAZONAS

informou que suas alunas relataram envolvimento sexual com os comerciantes MARCELO e ARIMATÉIA.

IX.o) A teor do manuscritos em nome de MARCLEIDE MENEZES CAVALCANTE (fls. 591/596), ex-companheira do indiciado MARCELO CARNEIRO PINTO, no qual há relatos contundentes dos episódios em que foi violentada/estuprada por MARCELO quando ainda criança aos 09 anos, tudo com a anuência de sua genitora, traçando-se o exato perfil do ora denunciado, que corrobora com as demais provas e relatos das vítimas acima expostos.

IX.p) Nos depoimento das menores indígenas GISLAINE DO CARMO ÁLVARES (fls. 176/177) e ADALGISA CLARA DO CARMO ÁLVARES (182/183), no que se refere à conduta típica imputada ao ora acusado MARCELO CARNEIRO PINTO, de uso de grave ameaça, em desfavor da menor ADALGISA CLARA DO CARMO ÁLVARES, **por três vezes**, sendo a primeira em 12/01/2013, noticiada pelo primo da menor, WILSON FERNEY ALVARES DE LIMA (fls. 280/281 e 290), a segunda em 03/08/2012, conforme relato à fl. 183 e a terceira, com participação de seu irmão ARIMATÉIA e presenciada pela tia da menor, EUGÊNIA ÁLVARES DE LIMA (relatada a fl. 183), **configurando o crime previsto no art. 344, do Código Penal.**

X. Em relação a **AELSON DANTAS DA SILVA**, restou configurada a prática dos crimes previstos nos arts. 217-A, 218-A e 218-B, § 2o, inciso I, e art. 344, na forma aumentada prevista no art. 71, pela continuidade delitiva, todos do Código Penal, com base no seguinte:

X.a) No depoimento da menor indígena MICHELE PEDROSA DUTRA, DN 27/12/1997, (fls. 171/172), atualmente com 15 anos (certidão à fl. 52), confirmando as declarações anteriormente prestadas (fls. 49/51), no qual informou que manteve relação sexual com AELSON DANTAS **por várias vezes, em troca de dinheiro, fatos estes iniciados em 2011,** quando a menor contava com 14 anos, época em que afirma que era virgem, tendo inclusive sido fotografada por/com este mantendo relações sexuais, bem como relatando episódio de violência por parte do indigitado agressor quando do primeiro contato sexual em função das negativas da menor; que diz que sua amiga AMANDA, hoje com 16 anos, deu a luz a um filho no dia 25/07/2012; que diz que via a AMANDA constantemente na casa do Sr. AELSON.

MINISTÉRIO PÚBLICO FEDERAL
PROCURADORIA DA REPÚBLICA NO AMAZONAS

X.b) No depoimento da menor indígena SOLANGE MARA DO CARMO ALVARES, DN 18/05/2000, (fls. 174/175), atualmente com 12 anos (certidão à fl. 55), confirmando as declarações anteriormente prestadas (fls. 53/54), no qual relatou que manteve relação sexual com AELSON DANTAS **por duas vezes, em troca de dinheiro, fatos estes iniciados em 2011, quando a menor contava com 11 anos e era virgem;** QUE a adolescente AMANDA a informou que havia dormido na casa do Sr. AELSON e havia tido naquela noite diversas relações sexuais.

X.c) No depoimento da menor indígena GISLAINE DO CARMO ÁLVARES, DN 10/09/1997, (fls. 176/177), atualmente com 15 anos (certidão à fl. 59), confirmando as declarações anteriormente prestadas (fls. 56/58), no qual aduziu que manteve relação sexual com AELSON DANTAS **por diversas vezes, em troca de dinheiro, fatos estes iniciados em 2011, quando a menor contava com 14 anos, e afirma que era virgem,** datando a última relação sexual com este de maio de 2012; que presenciara AELSON DANTAS praticar atos libidinosos em sua irmã SOLANGE.

X.d) No depoimento da menor indígena MARIA DIRCILENE CASTRO LANA (fls. 178/179), DN 15/03/1997 (fl. 180), atualmente com 16 anos, confirmando as declarações anteriormente prestadas às fls. 70/71, 74/75 e 80/81, no qual informou que presenciou AELSON DANTAS mantendo relações sexuais com a menor DELIANE.

X.e) No depoimento da menor ADALGISA CLARA DO CARMO ÁLVARES, (fls. 182/183), DN 01/02/1995, atualmente com 18 anos (certidão à fl. 64), confirmando as declarações anteriormente prestadas às fls. 60/63, no qual relatou que **manteve relação sexual por diversas vezes com AELSON DANTAS em troca de dinheiro,** tendo inclusive presenciado este se relacionando sexualmente com a menor AMANDA.

X.f) No depoimento da menor NATÁLIA DA SILVA PEREIRA (fls. 209/210), DN 25/12/1996, atualmente com 16 anos, no qual declarou que nunca se prostituiu, mas que ouviu comentários dando conta de que os irmãos ARIMATÉIA, MARCELO e MANUEL CARNEIRO, além do ex-vereador AELSON DANTAS, pagavam a meninas menores de idade para terem sexo.

MINISTÉRIO PÚBLICO FEDERAL
PROCURADORIA DA REPÚBLICA NO AMAZONAS

X.g) No depoimento de ROSÂNGELA DOS SANTOS SOARES, Diretora da Escola Estadual Sagrada Família, Termo de Declarações às fls. 588/589, no qual informou que suas alunas relataram envolvimento sexual com os comerciantes MARCELO e ARIMATÉIA, bem como com o ex-vereador AELSON.

X.h) Nas conclusões do Laudo de Exame do Local (fls. 653/657), em que se constatou diversas convergências entre os depoimentos das vítimas MICHELE PEDROSA DUTRA, SOLANGE MARA DO CARMO ÁLVARES, GISLAINE DO CARMO ÁLVARES e ADALGISA CLARA DO CARMO ALVARES e os móveis da residência de AELSON, **notadamente, na existência de porta-retratos azul de bebê (foto à fl. 657 e declarações à fls. 14/15, do apenso II), na existência de guarda-roupa na cor marrom (foto às fls. 656/657 e declarações à fls. 14/15, do apenso II), na existência na sala de mesa de plástico com quatro cadeira (foto à fl. 656 e declarações à fls. 06/07 do apenso II), monitor e CPU no quarto (foto à fl. 656/657 e declarações à fls. 09/10 do apenso II) e cama box, sala na cor verde e plasma no quarto (fotos à fls. 656/657 e declarações à fls. 17/19 do apenso II).**

X.i) Nos depoimentos das menores indígenas GISLAINE DO CARMO ÁLVARES (fls. 176/177) e ADALGISA CLARA DO CARMO ÁLVARES (182/183) e no depoimento de ROSÂNGELA DOS SANTOS SOARES (fls. 588/589), diretora da Escola Estadual Sagrada Família, no que se refere à conduta típica imputada ao ora acusado AELSON DANTAS DA SILVA, de uso de grave ameaça, em desfavor da menor ADALGISA CLARA DO CARMO ÁLVARES, em AGOSTO DE 2012[2], conforme relato a fl. 183, e da diretora ROSÂNGELA DOS SANTOS SOARES, **EM MARÇO DE 2013**, conforme relatado à fl. 588 **, configurando o crime previsto no art. 344, do Código Penal.**

II. DO PEDIDO

Diante do exposto, pugna o **MINISTÉRIO PÚBLICO FEDERAL** seja a denúncia autuada e recebida, sendo citado os denunciados para responderem a acusação, por escrito, no prazo 10 (dez) dias, de acordo com o art. 396 do Código de Processo Penal, com a redação estabelecida pela Lei nº. 11.719/2008, e para se ver

---
[2] Intelecção extraída do depoimento da menor ADALGISA CLARA DO CARMO ALVARES a fl. 183

MINISTÉRIO PÚBLICO FEDERAL
PROCURADORIA DA REPÚBLICA NO AMAZONAS

processado, até final julgamento de condenação, requerendo a oitiva das testemunhas abaixo arroladas.

Como diligência instrutórias, pugna o MPF:

a) pela realização de Exames *complementares* de Local do Crime (inexplicavelmente não realizados ainda...) nas residências dos ora acusados MANUEL CARNEIRO PINTO, ARIMATÉIA CARNEIRO PINTO e MARCELO CARNEIRO PINTO, levando-se em consideração, no que tange aos quesitos, as descrições narradas pelas menores às fls. 70/71, 74/75, 80/81 e 171/211, nos moldes já feitos com os acusados AGENOR e AELSON;

b) Em relação ao seguinte fato delituoso - *"VIII.g) No depoimento da menor indígena VIVIANE DA SILVA BALTAZAR (fls. 196/198), DN 30/11/1995 (fl. 199), atualmente com 17 anos, no qual declarou que manteve cerca de dez relações sexuais em troca de dinheiro com ARIMATÉIA CARNEIRO, fatos ocorridos entre os anos de 2010 e 2011, quando a menor contava com 14 anos; que engravidou de ARIMATÉIA, dando a luz ao menor Caio Henrique (DN 20/09/2012)."* - requer seja a vitima instada a apresentar o registro de nascimento do menor; em não havendo registro por parte do suposto pai, **requer seja autorizada a feitura de exame de DNA**.

Nestes Termos.
Pede Deferimento.

Manaus, 1º de julho de 2013

EDMILSON DA COSTA BARREIROS JÚNIOR
Procurador da República

ROL DE TESTEMUNHAS RELATIVAS AO RÉU AGENOR LOPES DE SOUZA:
1. KATHENN MICHELLE CUNHA CARDOSO (fls. 200/201);
2. DIANA SAMPAIO ZEDAN (fls. 193/194);
3. RENATA KARINE DOS SANTOS NASCIMENTO (fls. 206).

ROL DE TESTEMUNHAS RELATIVAS AO RÉU HERNANDES CARDOSO GARRIDO:
1. MARIA DIRCILENE CASTRO LANA (fls. 178/179).

MINISTÉRIO PÚBLICO FEDERAL
PROCURADORIA DA REPÚBLICA NO AMAZONAS

3. **AGENOR LOPES DE SOUZA**, brasileiro, filho de Maria Lopes de Oliveria, inscrito no CPF sob o n. 084.112.804-97, residente e domiciliado na Rua 03, 38, Dabaru – São Gabriel da Cachoeira/AM.

4. **ARIMATÉIA CARNEIRO PINTO**, brasileiro, filho de Francisca Carneiro Pinto, inscrito no CPF sob o n. 112.111342-04, residente e domiciliado na Av. Castelo Branco, 500 – Centro (próximo a CEAM) – São Gabriel da Cachoeira/AM.

5. **ARTENÍSIO MELGUEIRO PEREIRA**, brasileiro, filho de Olímpia Garrido Melgueiro, inscrito no CPF sob o n. 541.051.532-34, residente e domiciliado na rua Alfredo Macedo, 85, Graciliano Gonçalves – São Gabriel da Cachoeira/AM.

6. **HERNANDES CARDOSO GARRIDO**, brasileiro, filho de Ermínia Águida Cardoso, inscrito no CPF sob o n. 527.407.492-87, residente e domiciliado na rua Umari, 06 Areal – São Gabriel da Cachoeira/AM.

7. **MANUEL CARNEIRO PINTO**, brasileiro, filho de Francisca Carneiro Pinto, inscrito no CPF sob o n. 183.585.271-87, residente e domiciliado na rua Capitão Euclides de Lima, s/n, Praia – São Gabriel da Cachoeira/AM.

8. **MARIA AUXILIADORA TENORIO SAMPAIO**, brasileira, filha de Nazaria Tenorio Sampaio, inscrita no CPF sob o n. 875.259.332-00, residente e domiciliado na rua Arú, 225 – Areal – São Gabriel da Cachoeira/AM.

MINISTÉRIO PÚBLICO FEDERAL
PROCURADORIA DA REPÚBLICA NO AMAZONAS

9. **MARCELO CARNEIRO PINTO**, brasileiro, filho de Francisca Carneiro Pinto, inscrito no CPF sob o n. 160.831212-72, residente e domiciliado na Av. Álvaro Maia, 434 Comercial Marcelo – Fortaleza – São Gabriel da Cachoeira/AM.

10. **MOACY ALVES MAIA**, brasileiro, filho de Eudete Alves Bastos, inscrito no CPF sob o n. 282.720.139-91, residente e domiciliado na travessa Valentino Garrido (rua Odilon Penha), s/n – Fortaleza – São Gabriel da Cachoeira/AM.

I. DOS FATOS

A presente peça acusatória fundamenta-se no apurado no IPL. n. 773/2012 (12065-11.2013.4.01.3200), instaurado por meio da portaria de fl. 02, em atendimento à requisição contida no Ofício n° 100/2012/COORDCRIM/PR/AM, o qual encaminhou em anexo cópia do expediente PR-AM-00018698/2012, noticiando a existência de rede de exploração sexual de menores indígenas na cidade de São Gabriel da Cachoeira/AM (fls. 03/40).

Conforme se depreende do expediente citado (fls. 11/39), foram veiculadas na rede mundial de computadores matérias jornalísticas acerca de exploração sexual de meninas indígenas por rede de pedofilia no Alto Rio Negro (AM). Constam das matérias que em razão da inoperância do poder público a rede de pedofilia aumenta a cada ano com o envolvimento de novas vítimas, cada vez mais jovens, oriundas de famílias de baixa renda.

Com vistas a subsidiar as investigações, a autoridade policial diligenciou junto a Promotoria de Justiça, Conselho Tutelar e Delegacia de Polícia Civil em São Gabriel da Cachoeira, obtendo:

a) Termos de Declarações das menores MICHELE PEDROSA DUTRA, SOLANGE MARA DO CARMO ALVARES, GISLAINE DO CARMO

MINISTÉRIO PÚBLICO FEDERAL
PROCURADORIA DA REPÚBLICA NO AMAZONAS

ALVARES, ADALGISA CLARA DO CARMO ALVARES (fls. 49/64), em que relataram a pratica de crimes sexuais perpetrados pelo ex-vereador AELSON DANTAS DA SILVA;

b) Termo de Declarações das menores MARIA DIRCILENE CASTRO LANA (fls. 70/71, 74/75), CRISTIANE LOPES FERREIRA (fl. 73), LINDALVA SAMPAIO AIRES (fls. 76/77), EDILENE SAMPAIO AIRES (fls. 78/79), DARA MIRIAN LOPES OTERO (fl. 86/87), DELIANE CORDEIRO DA SILVA (fls. 88/89) em que relataram a pratica de crimes sexuais perpetrados por MANUEL CARNEIRO PINTO, ARIMATÉIA CARNEIRO PINTO e MARCELO CARNEIRO PINTO;

c) Termo de Declarações da menor CRISTIANE LOPES FERREIRA (fl. 73 e 188), no qual relatou a pratica de crimes sexuais perpetrados por MOACY ALVES MAIA;

d) Termo de Declarações da menor MARIA DIRCILENE CASTRO LANA (fls. 70/71 e 74/75), no qual aponta MARIA AUXILIADORA TENORIO SAMPAIO como agenciadora de menores indígenas para exploração sexual;

e) Termo de Declarações das menores DARA MIRIAN LOPES OTERO (fl. 86/87), DELIANE CORDEIRO DA SILVA (fls. 88/89) MARIA DIRCILENE CASTRO LANA (fl. 80/81), no qual apontam ADRIANA LEMOS VASCONCELOS como agenciadora de menores indígenas para exploração sexual;

f) Termo de declarações da Professora GUISTINA ZANATO (fls. 100/101 e 130/131), Diretora da Casa Irmã Inês Penha (que acompanha crianças e adolescentes em situação de risco e abandono) e presidente do CMDCA (Conselho Municipal da Criança e do Adolescente), oportunidade em que informou os abusos sexuais de menores indígenas praticados por MANUEL CARNEIRO PINTO, ARIMATÉIA CARNEIRO PINTO, MARCELO CARNEIRO PINTO e AELSON DANTAS DA SILVA;

g) Laudo POSITIVO de exame de conjunção carnal de MARIA DIRCILENE CASTRO LANA e DELIANE CORDEIRO DA SILVA (fl. 82 e 84).

Reforçando os fatos, às fls. 144/167, foram juntadas aos presentes autos denúncias acerca da exploração sexual de crianças e adolescentes indígenas, encaminhadas pela Promotoria de Justiça de São Gabriel da Cachoeira, bem como foram juntados como apensos, I e II do presente inquérito policial federal, os autos dos inquéritos policiais nº 019/2012 e 20/2012, que tratam de investigações acerca de abusos sexuais contra

MINISTÉRIO PÚBLICO FEDERAL
PROCURADORIA DA REPÚBLICA NO AMAZONAS

menores, encaminhados pelo Juízo da Comarca de São Gabriel da Cachoeira, por meio dos Ofícios nº 95 e 96/2012 (fls. 168/169).

Assim, com vistas a ratificar os fatos até então apurados, foram colhidas declarações de 16 pessoas (fls. 171/211), dentre crianças e adolescentes, as quais relataram em sua quase totalidade, haver sido vítimas de abusos e exploração sexual pelos ora acusados MARCELO CARNEIRO PINTO, ARIMATÉIA CARNEIRO PINTO, MANUEL CARNEIRO PINTO, AELSON DANTAS DA SILVA, AGENOR LOPES DE SOUZA, HERNANDES CARDOSO GARRIDO, MOACY ALVES MAIA, ARTENÍSIO MELGUEIRO PEREIRA, ADRIANA LEMOS VASCONCELOS e MARIA AUXILIADORA TENÓRIO SAMPAIO, estas duas últimas como aliciadoras de menores, razão pela qual foi requisitada a realização de exames de corpo delito (fls. 212/224).

Os laudos dos exames de corpo delito (requisitados às fls. 212/224), realizados nas vítimas, foram conclusivos, apontando todos positivo para conjunção carnal (fls. 319/332).

Consoante o apurado, resta sobejamente comprovada a **AUTORIA e a MATERIALIDADE** dos delitos ora em comento, na forma abaixo descrita.

I. Em relação a AGENOR LOPES DE SOUZA, restou configurada a prática dos crimes previstos nos arts. 217-A e 218-B, §2º, inciso I, na forma aumentada prevista no art. 71, pela continuidade delitiva, todos do Código Penal, bem como o art. 241-B, do Estatuto da Criança e do Adolescente, com base no seguinte:

I.a) No depoimento da menor indígena KATHENN MICHELLE CUNHA CARDOSO (fls. 200/201), DN 07/11/1997 (certidão de fl. 202), segundo o qual afirma: que se envolveu sexualmente em troca de dinheiro com AGENOR em agosto de 2011, época em que a menor contava com 13 anos; que AGENOR também pagava para fazer sexo com as menores DIANA (menor indígena, certidão à fl. 195) e RENATA KARINE (menor indígena, fl. 206); que AGENOR mora na Estrada do Dabarú; que o quarto de AGENOR é branco, sendo mobiliado com uma cama de casal tipo box, um guarda roupa branco de casal e ar-condicionado.

I.b) No próprio auto de qualificação e interrogatório de AGENOR LOPES DE SOUZA (fls. 494/500), no qual confirmou envolvimento com algumas das

MINISTÉRIO PÚBLICO FEDERAL
PROCURADORIA DA REPÚBLICA NO AMAZONAS

vítimas, dentre elas DIANA SAMPAIO ZEDAN, no período de 2011 e 2012, bem como haver pago valores em dinheiro como "agrado".

I.c) Pela conclusão do Laudo de Exame do Local (fls. 648/652), no qual confirma a descrição da vítima KATHENN MICHELLE CUNHA CARDOSO (fls. 200/201), no que tange aos móveis do quarto de AGENOR (cama tipo box, guarda roupa branco, fotos à fl. 651).

I.d) Pela conclusão do Laudo de Exame de Informática (fls. 668/674), referente ao material obtido **em 22/05/2013**, por meio do Auto Circunstanciado de Busca e Arrecadação (fls. 43/50, apenso IV do IPL n. 773/2012), no qual constatou-se, em análise à mídia ótica de item 02, imagens pornográficas agrupadas em diversas pastas, as quais foram copiadas para a mídia ótica anexa, destacando-se as pastas "ADOLESCENTES", "NINFETAS AMADORAS" e "NINFETAS AMADORAS 2", que são comumente utilizados em arquivos relacionados à pornografia infanto-juvenil. **o que configura também o tipo descrito no art. 241-B, do Estatuto da Criança e do Adolescente, por possuir/armazenar vídeo com cena de sexo explícito ou pornográfica envolvendo criança ou adolescente.**

II. **Em relação a HERNANDES CARDOSO GARRIDO**, restou configurada a prática do crime previsto no art. 217-A, na forma aumentada prevista no art. 71, pela continuidade delitiva, todos do Código Penal, com base no seguinte:

II.a) No depoimento (fls. 178/179) da menor indígena MARIA DIRCILENE CASTRO LANA, DN 15/03/1997 (Carteira de Identidade à fl. 180), atualmente com 16 anos, no qual confirma as declarações anteriormente prestadas às fls. 70/71, 74/75 e 80/81, onde informou que aos 12 anos manteve a primeira relação sexual com HERNANDES, que contava à época com 24 anos, tendo se relacionado com este por 04 meses.

II.b) No próprio interrogatório de HERNANDES CARDOSO GARRIDO (fls. 502/505), no qual confirma o envolvimento sexual com a menor MARIA DIRCILENE CASTRO LANA.

III. **Em relação a ADRIANA LEMOS VASCONCELOS**, restou configurada a prática dos crimes previstos nos arts. 218-B e 230, na forma aumentada prevista no art. 71, pela continuidade delitiva, todos do Código Penal, com base no seguinte:

MINISTÉRIO PÚBLICO FEDERAL
PROCURADORIA DA REPÚBLICA NO AMAZONAS

III.a) No depoimento da menor MARIA DIRCILENE CASTRO LANA, DN 15/03/1997, (fls. 178/179), atualmente com 16 anos, confirmando as declarações anteriormente prestadas às fls. 70/71, 74/75 e 80/81, no qual informa que as pessoas de ADRIANA e MARIA AUXILIADORA TENÓRIO SAMPAIO são agenciadoras de menores, usando suas casas como ponto de prostituição.

III.b) No depoimento da menor indígena DARA MIRIAN LOPES OTERO (fls. 191/192), DN 31/12/1995, atualmente com 17 anos, confirmando as declarações anteriormente prestadas às fls. 86/87, no qual informa que ADRIANA recebe R$50,00 por cada garota "novinha" que consegue para os irmãos CARNEIROS.

III.c) No depoimento da menor indígena DELIANE CORDEIRO DA SILVA (fls. 189/190), DN 27/01/1998, atualmente com 15 anos, confirmando as declarações anteriormente prestadas às fls. 88/89, no qual informa que frequentava a casa de ADRIANA, juntamente com outras menores, onde os referidos comerciantes e outros iam em busca de sexo com as menores.

III.d) No próprio interrogatório de ADRIANA LEMOS VASCONCELOS (fls. 507/514), no qual confessou seu envolvimento com os fatos em apuração, tendo em vista os benefícios da delação premiada.

IV. Em relação a MOACY ALVES MAIA, restou configurada a prática dos crimes previstos nos arts. 217-A e 218-B, § 2o, inciso I,na forma aumentada prevista no art. 71, pela continuidade delitiva, todos do Código Penal, com base no seguinte:

IV.a) No depoimento da menor CRISTIANE LOPES FERREIRA (fls. 186/187), **DN 26/04/1996, atualmente com 16 anos (Cópia da Carteira de Identidade à fl. 188)**, confirmando as declarações anteriormente prestadas às fls. 73, no qual informa que manteve quatro relações sexuais em troca de dinheiro com MAIA **no ano de 2010, época em que tinha idade inferior ou igual a 14 anos.**

IV.b) No próprio auto de qualificação e interrogatório de MOACY ALVES MAIA (fls. 515/520), oportunidade em que confessou envolvimento com CRISTIANE.

V. Em relação a ARTENÍSIO MELGUEIRO PEREIRA, restou configurada a prática dos crimes previstos nos arts. 217-A e 218-A,na forma aumentada prevista no art. 71, pela continuidade delitiva, todos do Código Penal, com base no seguinte:

MINISTÉRIO PÚBLICO FEDERAL
PROCURADORIA DA REPÚBLICA NO AMAZONAS

V.a) No depoimento da menor indígena DIANA SAMPAIO ZEDAN (fls. 193/194), DN 27/01/1998 (certidão à fl. 195), atualmente com 15 anos, confirmando as declarações anteriormente prestadas às fls. 28/30 do Apenso I, Volume I, no qual relatou que manteve relação sexual com ARTENÍSIO **por três vezes**, fatos ocorridos no carro e na casa deste, bem como na casa de ALDENOR, bem como que no dia 02/10/2012, no sítio do "Zé Maria" presenciou ARTENÍSIO fazer sexo com a menor MICHELE.

V.b) No depoimento da menor indígena NATÁLIA DA SILVA PEREIRA (fls. 209/210), DN 25/12/1996 (certidão à fl. 211), atualmente com 16 anos, no qual declarou que nunca se prostituiu, mas que ouviu comentários no mesmo sentido sobre ARTENÍSIO, o qual namora com a menor DIANA.

V.c) No próprio auto de qualificação e interrogatório de ARTENÍSIO MELGUEIRO PEREIRA (fls. 560/567), oportunidade em que confessou o envolvimento com as menores DIANA SAMAPIO ZEDAN e MICHELE.

VI. **Em relação a MARIA AUXILIADORA TENORIO SAMPAIO**, restou configurada a prática dos crimes previstos nos arts. 218-B e 230, na forma aumentada prevista no art. 71, pela continuidade delitiva, todos do Código Penal, com base no depoimento da menor indígena MARIA DIRCILENE CASTRO LANA (fls. 178/179), DN 15/03/1997 (carteira de identidade à fl. 180), atualmente com 16 anos, confirmando as declarações anteriormente prestadas às fls. 70/71, 74/75 e 80/81, no qual informou que as pessoas de ADRIANA e MARIA AUXILIADORA TENÓRIO SAMPAIO são agenciadoras de menores, usando suas casas como ponto de prostituição.

VII. **Em relação a MANUEL CARNEIRO PINTO**, restou configurada a prática dos crimes previstos nos arts. 217-A e 218-B, § 2o, inciso I, na forma aumentada prevista no art. 71, pela continuidade delitiva, todos do Código Penal, com base no seguinte:

VII.a) No depoimento da menor indígena MARIA DIRCILENE CASTRO LANA (fls. 178/179), DN 15/03/1997 (carteira de identidade à fl. 180), confirmando as declarações anteriormente prestadas às fls. 70/71, 74/75 e 80/81, ratificando que manteve relações sexuais em troca de dinheiro com os irmãos ARIMATÉIA (desde os 12 anos da menor), MARCELO (desde os 14 anos da menor), tendo presenciado este mantendo

MINISTÉRIO PÚBLICO FEDERAL
PROCURADORIA DA REPÚBLICA NO AMAZONAS

relações sexuais com a também menor DELIANE. e MANUEL CARNEIRO. por 03 9(três vezes). desde os 12 anos da menor.

VII.b) No depoimento da menor CRISTIANE LOPES FERREIRA (fls. 186/187), DN 26/04/1996 (carteira de identidade à fl. 188), atualmente com 17 anos, confirmando as declarações anteriormente prestadas às fls. 73, que manteve **cinco relações sexuais** em troca de dinheiro com o comerciante MANUEL CARNEIRO entre os anos de 2010/2011.

VII.c) No depoimento da menor indígena DELIANE CORDEIRO DA SILVA (fls. 189/190), DN 27/01/1998, atualmente com 15 anos, confirmando as declarações anteriormente prestadas às fls. 88/89. no qual informou que manteve relações sexuais em troca de dinheiro com os irmãos MARCELO, ARIMATÉIA e MANUEL CARNEIRO, época em que contava com 13 anos, datando as últimas relações do ano de 2011.

VII.d) No depoimento da menor indígena DARA MIRIAN LOPES OTERO (fls. 191/192). DN 31/12/1995, atualmente com 17 anos, confirmando as declarações anteriormente prestadas às fls. 86/87, no qual aduziu que manteve relações sexuais em troca de dinheiro com os comerciantes MARCELO, ARIMATÉIA e MANUEL CARNEIRO. fatos iniciados quando a menor contava com 13 anos.

VII.e) No depoimento da menor indígena DIANA SAMPAIO ZEDAN (fls. 193/194), DN 27/01/1998 (certidão à fl. 195), atualmente com 15 anos, confirmando as declarações anteriormente prestadas às fls. 28/30 do Apenso I, Volume I, no qual informa que manteve **duas relações sexuais** em troca de dinheiro com MANUEL CARNEIRO, fato ocorrido em março de 2012, época em que a menor contava com 14 anos, fatos ocorridos na Chácara do Elias e na estrada de Cucui.

VII.f) No depoimento da menor indígena VIVIANE DA SILVA BALTAZAR (fls. 196/198), DN 30/11/1995 (certidão à fl. 199), atualmente com 17 anos, oportunidade em que declarou que manteve uma relação sexual em troca de dinheiro com MANUEL CARNEIRO no início de 2011, fato ocorrido na Chácara do Elias, quando a menor contava com 15 anos.

VII.g) No depoimento da menor indígena JANIMARA IMACULADA CONCEIÇÃO MARTINS LANA (fls. 203/204), DN 19/08/1996 (certidão à

Visite nosso site e conheça estes e outros lançamentos: www.matrixeditora.com.br

SUZANE: ASSASSINA E MANIPULADORA
Ullisses Campbell

Suzane Louise von Richthofen é uma lenda do mundo do crime. Em 30 de outubro de 2002, ela abriu a porta de casa para guiar os matadores dos seus pais. Enquanto dormiam, Manfred e Marísia morreram com dezenas de pauladas, desferidas pelo namorado de Suzane e pelo irmão dele, Daniel e Cristian Cravinhos. O crime abalou o país. Pela monstruosidade, a assassina recebeu dois veredictos: o primeiro saiu do Tribunal do Júri em 2006, quando foi condenada a 39 anos de cadeia. A segunda sentença foi proferida pelo Tribunal do Crime, existente dentro das penitenciárias. A comunidade prisional não perdoa pedófilos, estupradores, nem filhos que matam os pais. A menina rica, branca e de cabelos loiros foi condenada. As mulheres sanguinárias do PCC receberam a missão de matá-la dentro da Penitenciária Feminina da Capital, ainda nos anos 2000. Esperta, extremamente manipuladora, Suzane sobreviveu. Este livro esquadrinha o caminho que a criminosa trilhou desde que foi presa pela primeira vez até o momento em que começou a sair da prisão. Para detalhar a vida da assassina, o repórter Ullisses Campbell realizou dezenas de entrevistas e mergulhou nos emaranhados universos do Direito Penal e da Psicologia Forense. A obra mostra uma Suzane que deseja se casar no religioso, virar pastora evangélica e que nutre um sonho agora revelado.

A IMPERATRIZ DA LAVA JATO
Nelma Kodama e Bruno Chiarioni

A doleira Nelma Kodama narra suas memórias numa prosa simples, com bom humor e fina ironia. Aqui ela revela as experiências de sua trajetória pessoal e profissional. Resgata fatos, lugares e pessoas marcantes, além de contar detalhes exclusivos dos bastidores de sua prisão e do dia a dia na República de Curitiba, cenário central da operação que prometeu passar a limpo a corrupção no Brasil: a Lava Jato. Pela primeira vez, ela abre os diários que escreveu no cárcere e compartilha sentimentos, reflexões, polêmicas e seu contato com outros personagens importantes presos na mesma operação, como Marcelo Odebrecht e Nestor Cerveró. Um raio X único da mulher que amou, traiu, foi traída, lavou dinheiro, viveu o luxo e o lixo, e que agora busca se reerguer e reinar em um mundo diferente daquele que viveu.

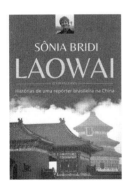

LAOWAI
Sônia Bridi

Sônia Bridi e Paulo Zero são correspondentes internacionais da TV Globo em Paris desde janeiro de 2007. Em 2005 e 2006, foram pioneiros na cobertura latino-americana na China. Neste livro, Sônia Bridi conta a vida do casal na China com o filho Pedro – que tinha apenas três anos quando chegaram ao país –, durante os dois anos em que permaneceram no outro lado do planeta. O cotidiano, o choque cultural, os bastidores das reportagens, as paisagens, as mudanças aceleradas por que passa o país... Misto de grande reportagem – com análises sofisticadas, mas didáticas e em linguagem popular, sobre política, economia, educação, meio ambiente, tecnologia, trabalho, energia, agricultura, saúde, costumes, tradições, culinária, burocracia, censura, consumo, hábitos de higiene – e diário de viagem, com sabor de romance e um humor peculiar, o livro de Sônia prende o leitor e o encanta até o final da leitura.